OPIc
Power
Grammar

초판 1쇄 발행 2011년 8월 29일
4쇄 인쇄 2017년 8월 31일

저자 김태연
기획 멀티캠퍼스 외국어연구소

펴낸이 박민우
기획팀 송인성, 김선명, 박종인
편집팀 박우진, 김영주, 김정아, 최미라
관리팀 임선희, 정철호, 김성언, 권주련
펴낸곳 멀티캠퍼스 하우
주소 서울시 중랑구 망우로68길 48
전화 (02)922-7090
팩스 (02)922-7092
홈페이지 http://www.hawoo.co.kr
e-mail hawoo@hawoo.co.kr
등록번호 제2014-18호

값 16,000원
ISBN 979-11-87549-09-3 13740

Copyright ⓒ 2017 by Multicampus Co., Ltd.

All rights reserved.
No part of this publication may be reproduced, stored in a retrieval system,
or transmitted in any form or by any means, electronic, mechanical, photocopying, recording,
or otherwise, without the prior permission of the publisher.

이 책은 저작권법에 따라 보호받는 저작물이므로 무단전재와 무단복제를 금지하며,
이 책 내용의 전부 또는 일부를 이용하려면 반드시 저작권자와 출판권자의 서면 동의를 받아야 합니다.

 모범답변 MP3 다운로드 www.opic.co.kr 접속 후 '북&앱북'에서 다운로드

머리말

말문을 틔워주는 문법, OPIc Power Grammar

영어 시험 점수는 오랫동안 진학, 취업, 승진 등에 중요하게 활용되었습니다. 그러나, 글로벌 인재의 중요성이 부각되고 영어 의사소통 능력이 중시되면서 기존 지필평가로는 실질적인 영어 말하기 능력을 평가하는 데 한계가 있다는 지적이 계속되었습니다. 그 대안으로 수많은 국내 대기업이 선택한 영어 말하기 시험이 바로 OPIc입니다.

OPIc은 Background Survey 결과를 토대로 출제되는 개인 맞춤형 문항을 중심으로, 다양한 상황과 주제에 대해 영어로 답변하는 시험입니다. 많은 사람들이 영어로 말할 때 의미만 잘 전달하면 된다고 생각하기 쉽지만, OPIc은 단순히 의미전달뿐 아니라 얼마나 정확하게 상황과 맥락에 맞는 의사소통을 할 수 있는지, 또 어휘와 문법은 얼마나 정확하게 사용하는지 등 여러 가지 영어 사용 능력을 함께 종합적으로 평가하기 때문에 결코 한 가지에만 치우쳐 준비하면 안 될 것입니다.

그럼 어떻게 하면 OPIc 고득점을 받을 수 있을까요? 다양한 OPIc 문제에 답변하는 연습을 꾸준히 해야 합니다. 어떤 OPIc 문제가 출제되더라도 내가 하고 싶은 말을 올바른 영어로 정확하고 유창하게 하기 위해서는 기본적으로 영어문법 실력이 튼튼하게 갖춰져 있어야 하겠죠? "OPIc Power Grammar"는 필수 영문법 60개를 OPIc 응시자라면 누구나 꼭 대비해야 하는 20가지의 OPIc 문제와 결합하여 공부할 수 있도록 구성되었습니다.

"OPIc Power Grammar"의 가장 큰 장점은 OPIc 문제와 그에 대한 답변 위주로 구성된 다른 OPIc 대비서들과 달리, 어떤 질문이 나와도 내가 말하고 싶은 바를 영어로 술술 말할 수 있도록 문법 기초실력을 다져 준다는 점입니다. 각각의 OPIc 문제마다 세 개의 문법이 제시되는데, 문법만 따로 공부하는 것이 아니라 모범답변을 통해 의미를 전달하기 위한 회화문법(Speaking Grammar)에 익숙해진 후, 이 문법을 활용한 다양한 문장을 만들어 보는 연습문제, 학습한 문법 지식을 토대로 주어진 OPIc 답변을 완성하는 연습문제, 그리고 마지막으로 전체적인 의미와 맥락을 고려하여 나만의 OPIc 답변을 구성하는 연습문제의 체계적인 구성으로 문법과 말하기 실력을 동시에 높일 수 있습니다.

앞서 강조한 바와 같이, OPIc 고득점을 위해서는 좋은 모범답변을 보고 응용하여 내 것으로 만들어 연습하는 것뿐 아니라, 답변의 언어적 정확성을 높이기 위한 문법 학습이 필수적입니다. "OPIc Power Grammar"와 함께 여러분 모두 OPIc 고득점에 성공하시기를 기원합니다.

끝으로 이 책이 나오기까지 모든 정성과 노하우를 다해 애써주신 OPIc 주관사 멀티캠퍼스에 진심으로 감사드립니다.

For your better tomorrow!

김태연 드림

OPIc Power Grammar 200% 활용법!

OPIc Power Grammar는 20일 동안 OPIc의 기본기와 필수 문법을 마스터할 수 있도록 구성되었습니다. 이 책이 어떻게 여러분의 OPIc 준비와 문법 실력 향상에 도움을 줄 수 있는지 자세히 알아볼까요?

Contents

OPIc Power Grammar는 두 가지 목차를 제공합니다. 첫 번째는 OPIc 주제별 목차, 두 번째는 문법별 목차입니다. OPIc과 문법, 두 마리 토끼를 잡으려는 OPIc 수험생이라면 이 목차를 알차게 활용해 보세요!

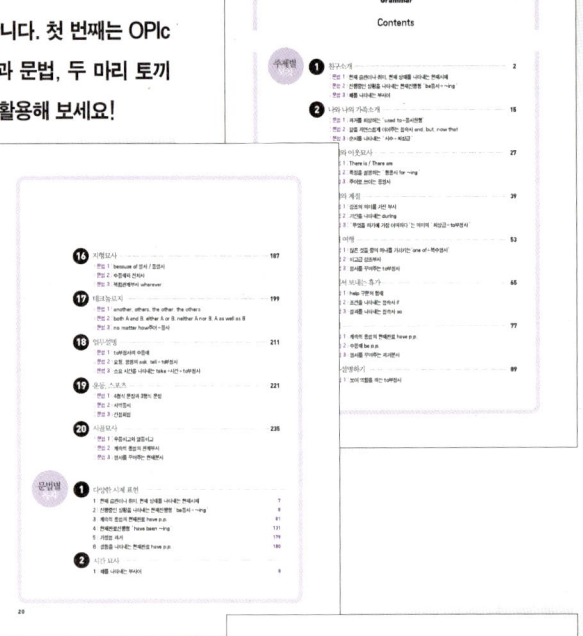

Idea Map

오늘의 OPIc 문제에 잘 답변할 수 있는 아이디어를 도출하고, 동시에 나만의 아이디어 맵을 그려 봄으로써 답안 구성력을 키울 수 있습니다.

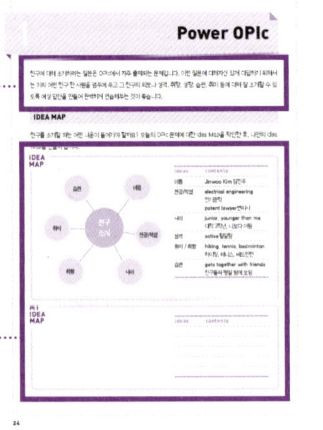

Overview
이번 chapter에서 다룰 OPIc 주제를 간단히 소개합니다. 전반적인 출제 경향 및 OPIc 전략이 간략히 제시되어 있습니다.

Idea Map
모범답안의 Idea Map과 내용 구성표를 참고하여 나만의 Idea Map과 내용 구성표를 작성합니다. 이 내용을 바탕으로 나만의 OPIc 답변을 구성하게 됩니다. 이 과정을 통해 체계적인 답변 구성 능력을 기를 수 있습니다.

Today's OPIc

OPIc 문제와 모범 답변을 통해 OPIc 문제 유형에 익숙해지고 주요 문법에 대한 의식상승(consciousness-raising) 효과를 얻을 수 있습니다.

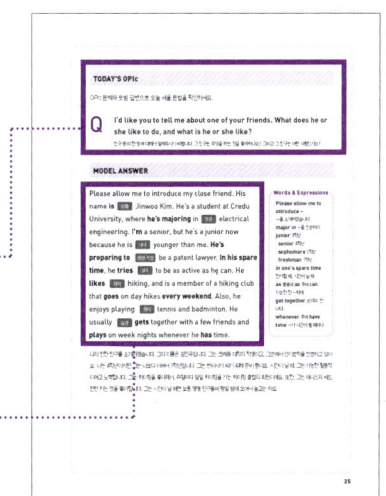

OPIc Question
오늘의 OPIc 문제를 확인합니다.

Model Answer
OPIc 문제에 대한 모범 답변을 제시합니다. 모범 답변을 구성하는 idea들을 한 눈에 볼 수 있으며, 주요 문법 사항은 볼드 처리가 되어 있기 때문에 어떤 부분에 초점을 맞추어 공부해야 할지 쉽게 알 수 있습니다.

Grammar in OPIc

모범 답변에서 초점을 맞추었던 주요 문법이 실제로 어떻게 OPIc 답변에 활용되었는지 확인해 볼 수 있습니다.

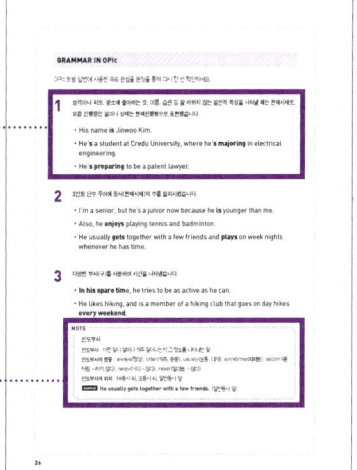

Grammar in OPIc
오늘의 주요 문법이 어떤 의미인지, 어떻게 활용되었는지 다시 한 번 문장을 통해 확인해 볼 수 있습니다.

Note
오늘의 OPIc 문법과 직접적인 연관은 없어도, 모범 답변을 이해하는 데 꼭 필요한 문법 내용을 간략히 정리했습니다.

Power Grammar

주요 문법을 집중적으로 학습하며 문법 실력을 높일 수 있습니다.

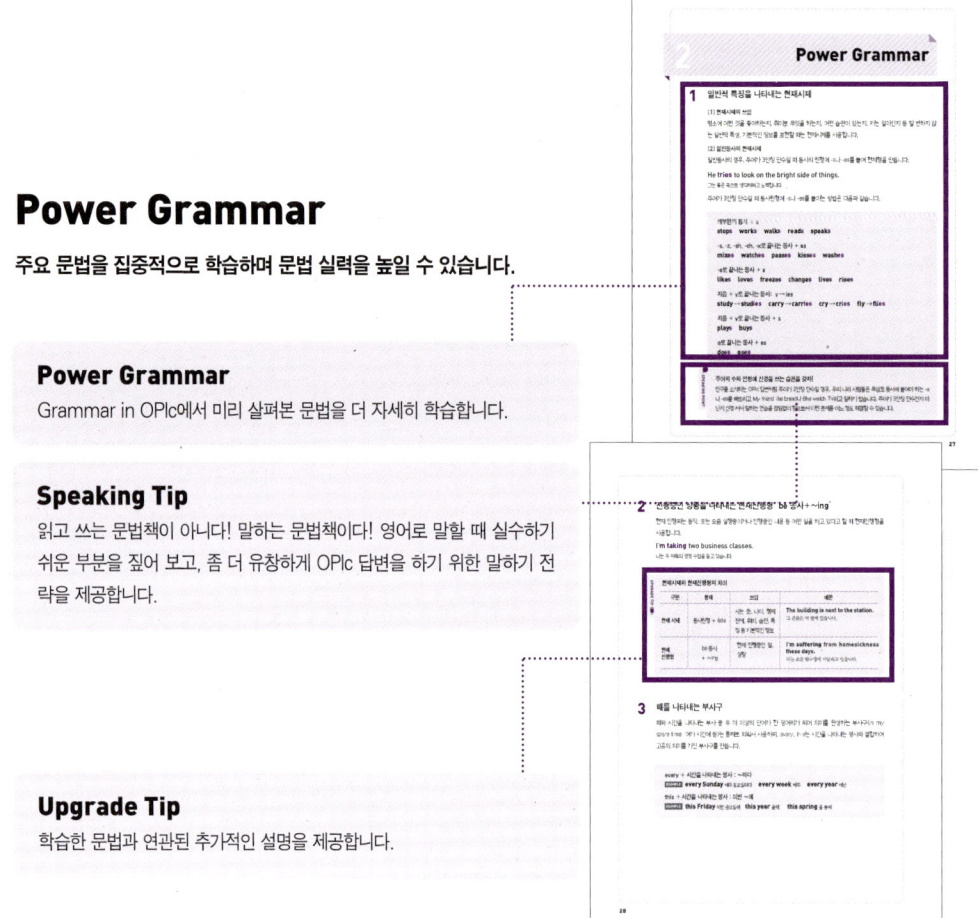

Power Grammar
Grammar in OPIc에서 미리 살펴본 문법을 더 자세히 학습합니다.

Speaking Tip
읽고 쓰는 문법책이 아니다! 말하는 문법책이다! 영어로 말할 때 실수하기 쉬운 부분을 짚어 보고, 좀 더 유창하게 OPIc 답변을 하기 위한 말하기 전략을 제공합니다.

Upgrade Tip
학습한 문법과 연관된 추가적인 설명을 제공합니다.

Let's Practice

영작을 통해 학습 내용을 점검합니다. 문장 수준의 활동으로 문법에 초점을 맞추었습니다.

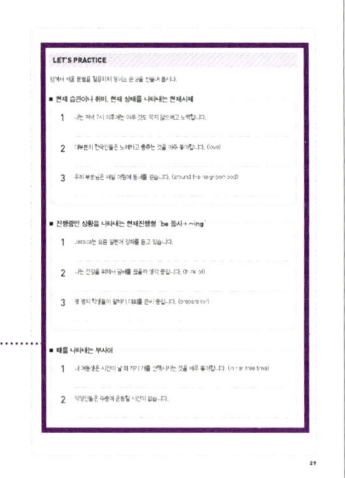

Practice
오늘의 문법을 잘 학습했는지 각 문법 내용을 활용한 영작 활동으로 확인합니다. 그리고 CD에 수록된 MP3 파일을 듣고 따라 해 보면서 말하기 능력을 향상시킬 수 있습니다.

Power Practice

앞서 Let's Practice가 문장 수준의 활동이었다면 Power Practice는 문단 수준의 활동으로, OPIc 답변의 전체적 의미 및 올바른 문법 사용에 고르게 집중하는 활동입니다.

Fill in the blank

오늘의 모범 답변 내용과 그에 해당하는 문법을 충분히 학습했는지 확인하는 활동입니다. 오늘의 모범 답변과 유사한 지문이 주어지며, 빈 칸에 들어갈 알맞은 말을 보기에서 골라 답변을 완성하게 됩니다.

Sentence completion

주어진 우리말을 오늘의 문법을 활용하여 영작해 봅니다. 전체적 맥락 내에서 작문하는 능력을 기르기 때문에 OPIc 답변 능력 향상에 큰 도움을 줍니다.

My OPIc Answer

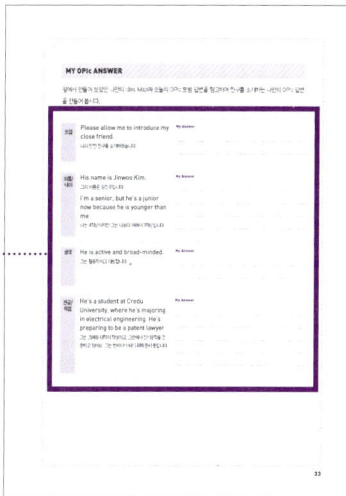

My OPIc Answer

앞서 구성한 Idea Map을 바탕으로 나만의 OPIc 답변을 구성해 보는 활동입니다. 모범 답변과 나의 답변을 비교하면서 완벽한 답변을 작성할 수 있습니다.

OPIc 소개

OPIc 이란?

OPIc(Oral Proficiency Interview-computer)은 면대면 외국어 인터뷰 OPI를 최대한 Interview와 가깝게 만든 iBT기반의 외국어 말하기 평가로서, 외국어 전문 교육 연구 단체인 ACTFL (American Council on the Teaching of Foreign Languages)에서 개발한 공신력 있는 말하기 평가입니다. OPIc은 단순히 문법이나 어휘 등을 얼마나 많이 알고 있는가 보다는 실제상황에서 얼마나 효과적이고 적절하게 언어를 구사하는지를 측정하는 객관적인 평가로, 국내에서는 2007년 시작되어 현재 약 1,000여 개 기업 및 기관에서 OPIc을 채용과 인사고과 등에 활발하게 활용하고 있습니다. 현재 OPIc은 영어 뿐만 아니라 중국어, 러시아어, 스페인어 총 4개의 언어평가를 제공함으로써 다양한 언어를 동일한 기준으로 평가할 수 있는 유일한 외국어 말하기 평가로 자리매김하였습니다.

OPIc진행과정

ORIENTATION(약 15분)

1. **Background Survey** — 인터뷰 문항을 위한 사전 설문
2. **Self Assessment** — 시험의 난이도 결정을 위한 자가 평가
3. **Overview of OPIc** — 화면 구성, 문항 청취 및 답변 방법 안내
4. **Sample Question** — 실제 답변 방법 연습

시험 시간(40분)

1. **1st Session**
   - :: 개인 맞춤형 문항   :: 질문 청취 2회
   - :: 문항별 답변 시간 제한 無   :: 약 7문항 출제

2. **난이도 재조정**
   - :: Self Assessment(2차 시험 난이도 선택)
   - :: 쉬운 질문/비슷한 질문/어려운 질문 中 선택

3. **2nd Session**
   - :: 개인 맞춤형 문항   :: 질문 청취 2회
   - :: 문항별 답변 시간 제한 無   :: 약 5~8문항 출제

OPIc 등급

OPIc의 등급은 크게 세 가지, 작게는 일곱 가지로 세분화됩니다. .

- :: **Novice**: '초보자' 라는 뜻으로 OPIc에서는 '초급' 단계의 등급입니다.
- :: **Intermediate**: '중간' 이라는 뜻으로 OPIc에서는 '중급' 단계입니다.
- :: **Advanced**: '고급의' 라는 뜻으로 OPIc에서는 가장 높은 '고급' 단계입니다.

이 세 가지의 등급을 세분화해서 다음과 같이 구분하게 됩니다.

:: Novice Low, Novice Mid, Novice High
:: Intermediate Low, Intermediate Mid, Intermediate High
:: Advanced

OPIc의 모체인 OPI에서는 Advanced도 Low, Mid, High로 구분되지만 컴퓨터로 시험을 보는 OPIc에서는 Advanced라는 등급 하나만 부여됩니다.

AL	Advanced LOW	사건을 서술할 때 일괄적으로 동사 시제를 관리하고, 사람과 사물을 묘사할 때 다양한 형용사를 사용한다. 적절한 위치에서 접속사를 사용하기 때문에 문장간의 결속력도 높고 문단의 구조를 능숙하게 구성할 수 있다. 익숙하지 않은 복잡한 상황에서도 문제를 설명하고 해결할 수 있는 수준의 능숙도이다.
IH	Intermediate HIGH	개인에게 익숙하지 않거나 예측하지 못한 복잡한 상황을 만날 때, 대부분의 상황에서 사건을 설명하고 문제를 효과적으로 해결한다. 발화량이 많고, 다양한 어휘를 사용한다.
IM	Intermediate MID	일상적인 소재뿐 아니라 개인적으로 익숙한 상황에서는 문장을 나열하며 자연스럽게 말할 수 있다. 다양한 문장 형식이나 어휘를 실험적으로 사용하려고 하며 상대방이 조금만 배려해주면 오랜 시간 대화가 가능하다.
IL	Intermediate LOW	일상적인 소재에서는 문장으로 말할 수 있다. 대화에 참여하고 선호하는 소재에서는 자신감을 가지고 말할 수 있다.
NH	Novice HIGH	일상적인 대부분의 소재에 대해서 문장으로 말할 수 있다. 개인 정보라면 질문을 하고 응답을 할 수 있다.
NM	Novice MID	이미 암기한 단어나 문장으로 말하기를 할 수 있다.
NL	Novice LOW	제한적인 수준이지만 영어 단어를 나열하며 말할 수 있다.

* Intermediate Mid의 경우 Mid 1, Mid 2, Mid 3로 세분화하여 제공합니다.

Background Survey (배경 설문)

OPIc의 개인 맞춤형 문제는 Background Survey에 대한 응답을 기초로 출제됩니다. 나에게는 어떤 맞춤형 문제가 출제될지 미리 생각해 보세요.

1 현재 귀하는 어느 분야에 종사하고 계십니까?

☐ 사업/회사　　☐ 재택근무/재택사업　　☐ 교사/교육자　　☐ 군 복무　　☐ 일 경험 없음

1.1. 현재 귀하는 직업이 있으십니까?

☐ 네　　☐ 아니오

1.1.1. 귀하의 근무 기간은 얼마나 되십니까?

☐ 첫 직장 – 2개월 미만　　☐ 첫 직장 – 2개월 이상　　☐ 첫 직장 아님 – 경험 많음

1.1.1.1 당신은 부하 직원을 관리하는 관리직을 맡고 있습니까?

☐ 네　　☐ 아니오

문항 1에서 교사/교육자로 답변했을 경우

1.1. 당신은 어디에서 학생을 가르치십니까?

☐ 대학 이상　　☐ 초등/중/고등학교　　☐ 평생교육

1.1.1. 귀하의 근무기간은 얼마나 되십니까?

☐ 2개월 미만 – 첫직장

☐ 2개월 미만 – 교직은 처음이지만 이전에 다른 직업을 가진 적이 있음

☐ 2개월 이상

---

2 현재 귀하는 학생이십니까?

☐ 네　　☐ 아니오

2.1. 현재 어떤 강의를 듣고 있습니까?

☐ 학위 과정 수업　　☐ 전문 기술을 향상을 위한 평생 학습　　☐ 어학 수업

2.2. 최근 어떤 강의를 수강했습니까?
- ☐ 학위 과정 수업
- ☐ 전문 기술 향상을 위한 평생 학습
- ☐ 어학 수업
- ☐ 수업 등록 후 5년 이상 지남

3 현재 귀하는 어디에 살고 계십니까?
- ☐ 개인주택이나 아파트에 홀로 거주
- ☐ 친구나 룸메이트와 함께 주택이나 아파트에 거주
- ☐ 가족(배우자/자녀/기타 가족 일원)과 함께 주택이나 아파트에 거주
- ☐ 학교 기숙사   ☐ 군대 막사

아래의 4~7번 문항에서 12개 이상을 선택해 주시기 바랍니다.

4 귀하는 여가 활동으로 주로 무엇을 하십니까? (두 개 이상 선택)

☐ 영화 보기	☐ 클럽/나이트클럽 가기	☐ 공연 보기	☐ 콘서트 보기
☐ 박물관 가기	☐ 공원 가기	☐ 캠핑하기	☐ 해변 가기
☐ 스포츠 관람	☐ 주거 개선	☐ 술집/바에 가기	☐ 카페/커피전문점 가기
☐ 게임하기(비디오, 카드, 보드, 휴대폰 등)		☐ 당구 치기	☐ 체스하기
☐ SNS에 글 올리기	☐ 친구들에게 문자대화하기	☐ 시험 대비 과정 수강하기	
☐ TV보기	☐ 리얼리티쇼 시청하기	☐ 뉴스를 보거나 듣기	
☐ 요리 관련 프로그램 시청하기		☐ 쇼핑하기	
☐ 차로 드라이브하기	☐ 스파/마사지샵 가기	☐ 구직활동하기	☐ 자원봉사하기

5 귀하의 취미나 관심사는 무엇입니까? (한 개 이상 선택)

☐ 아이에게 책 읽어주기	☐ 음악 감상하기	☐ 악기 연주하기	☐ 춤추기
☐ 글쓰기(편지, 단문, 시 등)	☐ 그림그리기	☐ 요리하기	☐ 애완동물 기르기
☐ 독서	☐ 주식 투자하기	☐ 신문 읽기	☐ 여행 관련 잡지나 블로그 읽기
☐ 사진 촬영하기	☐ 혼자 노래 부르거나 합창하기		

6 귀하는 주로 어떤 운동을 즐기십니까? (한 개 이상 선택)

☐ 농구	☐ 야구/소프트볼	☐ 축구
☐ 미식축구	☐ 하키	☐ 크리켓
☐ 골프	☐ 배구	☐ 테니스
☐ 배드민턴	☐ 탁구	☐ 수영
☐ 자전거	☐ 스키/스노보드	☐ 아이스 스케이트
☐ 조깅	☐ 걷기	☐ 요가
☐ 하이킹/트레킹	☐ 낚시	☐ 헬스
☐ 태권도	☐ 운동 수업 수강하기	☐ 운동을 전혀 하지 않음

7 당신은 어떤 휴가나 출장을 다녀온 경험이 있습니까? (한 개 이상 선택)

☐ 국내 출장	☐ 해외 출장	☐ 집에서 보내는 휴가
☐ 국내 여행	☐ 해외 여행	

OPIC FAQ

1. OPIc 시험 중 필기구를 사용하여 답변을 준비해도 되나요?

OPIc 응시자는 필기구를 가지고 시험장에 입실할 수 없습니다. 따라서 시험 중에 필기구를 이용하여 메모 등을 하실 수 없으며, 적발 시 부정행위로 처리되어 OPIc 시험 규정에 따라 향후 시험 응시 기회에 제한을 받습니다.

2. 무조건 길게 말하는 것이 도움이 되나요?

짜임새 없는 내용으로 길게만 말하는 것보다는 질문이 요구하는 내용에 충실한 답변을 정확한 문법과 표현을 사용하여 논리적으로 표현할 때 좋은 평가를 받을 수 있습니다. 또한 기-승-전-결 혹은 서론-본론-결론의 짜임새 있는 구성으로 답변해야 합니다. 공식적인 수치는 아니지만, 주어진 시간 내 모든 문제에 풍부한 내용으로 답변을 하려면 한 문항당 짧으면 1분, 일반적으로 2분에서 2분 30초 이상 말할 수 있도록 준비하는 것이 좋습니다.

3. Background Survey 응답 내용대로만 출제되나요?

아닙니다. 시험 전에 체크한 Background Survey 결과는 나에게 맞는 맞춤형 문항이 출제되는 데 영향을 주지만, 그 외 시스템으로 선별된 문항도 출제됩니다. 즉, 여러분이 선택하지 않은 내용에서도 문제가 출제됩니다. 일반적으로 여러분의 일상생활에서 일어나는 일들을 위주로 문제가 출제되며 전문적인 내용이 출제되더라도 일상생활과 연결되어 있는 질문들이 출제됩니다. OPIc 등급 향상을 위해서는 Background Survey 항목에 관련된 답변만을 무조건 외우기보다는 평소에 다양한 말하기 연습을 하는 것이 도움이 될 것입니다.

4. OPIc 문제 중 Background Survey 내용과 관련이 없는 내용이 나오면 답변하지 않아도 되나요?

아닙니다. 수험자는 주어진 문항에 대해서 모두 답변을 진행해야 합니다. OPIc은 Background Survey를 통해 수험자의 개인 맞춤형 문항의 출제가 가능하지만 다른 영역의 질문 또한 출제되어 수험자가 예상하지 못한 문제에 대한 상황 대처능력 및 순발력 또한 평가합니다. 따라서, 질문에 대한 답변이 진행되지 않는 경우 감점의 요인이 될 수 있습니다. 그러므로 답변할 때 모르는 문제가 나왔다고 해서 당황해서는 안 됩니다. 설령, 여러분이 Background Survey에서 선택한 내용과 다른 문제가 출제되더라도 최선을 다해 성실하게 답변하는 것이 좋습니다.

5 시험 보는 중간에 Self Assessment로 레벨을 변경하는 것이 성적에 영향이 있나요?

처음에 높은 레벨로 시작했다가 중간에 낮은 레벨로 바꾸거나, 그 반대로 낮은 레벨에서 시작해서 높은 레벨로 바꾸는 그 자체로 성적이 바뀌지는 않습니다. 철저히 주어진 답변에 얼마나 충실하게 답변했는지가 성적을 좌우한다고 보면 됩니다. 그러나, 나의 영어실력과 너무 동떨어진 레벨을 선택하는 것은 바람직하지 않습니다.

6 문제를 반복해서 들으면 성적이 좋지 않게 나오는 것이 사실인가요?

문제 풀기 전략 중 하나로 문제를 습관적으로 반복해서 듣는 사람들이 있습니다. 문제를 반복 청취하는 것이 성적에 직접적으로 영향을 미치는 것은 아니지만, 문제를 반복 청취했을 때 답변 시간이 줄어들 수밖에 없으므로, 시간 관리에 어려움을 느낄 수도 있습니다. OPIc 문제의 답변 시간은 질문 청취 시간을 제외하고 약 35분 가량입니다. 따라서 주어진 시간 내 모든 문제에 효율적으로 답변할 수 있도록 시간을 활용해야 합니다.

7 발음이 안 좋거나 더듬거리면 성적에 나쁜 영향을 주게 되나요?

발음은 이해가 가능한 수준일 경우 크게 영향을 미치지 않는 것으로 알려져 있습니다. 그러나 메시지 전달이 안 될 정도로 말을 매끄럽지 못하게 할 경우에는 당연히 채점이 어려울 수밖에 없습니다.

8 OPIc 시험은 현장에서 결과를 직접 확인할 수 있나요?

OPIc 정기 시험은 시험 응시일로부터 7일 후 자정부터 OPIc 홈페이지(www.opic.or.kr)에서 성적 확인이 가능합니다. 예) 8월 6일 시험 응시 → 8월 12일에서 8월 13일로 넘어가는 00:00부터 성적 확인 가능
※성적 확인 및 인증서 출력은 회원 전용 서비스이므로 회원 가입 필요

9 OPIc 시험 일정은 1년에 몇 번 정도 있나요?

OPIc 시험은 일반적으로 월 6회(수요일, 일요일) 있으며 채용 시즌에는 매일 정기 시험을 진행 합니다. 또한 강남 오픽스퀘어 센터에서는 채용 시즌 외에도 주중에 3일 이상 시험이 시행되고 있습니다. 자세한 내용은 OPIc 홈페이지(www.opic.or.kr)를 확인해주시기 바랍니다.

10 성적이 UR이라고 나오는 것은 무엇을 의미하나요?

"UR"은 unable to rate를 의미합니다. UR이 나오는 경우는 녹음 불량, 녹음 음량이 너무 작은 경우, 수험자가 자신이 없어 답변을 하지 않은 경우입니다. 수험자의 과실인 경우 응시료 환불은 없으며 재시험의 기회도 없습니다. 시스템적인 오류로 UR이 나왔을 경우 한 번의 재시험 기회를 드립니다.

11 시험에 필요한 규정 신분증이 무엇인가요?

OPIc 시험에서 인정되는 규정 신분증은 주민등록증, 운전면허증, 기간만료 전 여권 등이며, 사원증 및 학생증, 기타 자격증은 신분증으로 인정되지 않습니다.

Contents

주제별 목차

1 친구소개 23
- 문법 1 | 현재 습관이나 취미, 현재 상태를 나타내는 현재시제
- 문법 2 | 진행중인 상황을 나타내는 현재진행형 be동사+~ing
- 문법 3 | 때를 나타내는 부사어

2 나와 나의 가족소개 35
- 문법 1 | 과거를 회상하는 used to+동사원형
- 문법 2 | 말을 자연스럽게 이어주는 접속사 and, but, now that
- 문법 3 | 가족 관계를 나타내는 서수+나이 형용사 최상급

3 동네와 이웃묘사 47
- 문법 1 | There is / There are
- 문법 2 | 특징을 설명하는 형용사 for ~ing
- 문법 3 | 주어로 쓰이는 동명사

4 날씨와 계절 59
- 문법 1 | 강조의 의미를 가진 부사
- 문법 2 | 기간을 나타내는 during
- 문법 3 | '무엇을 하기에 가장 어떠하다'는 의미의 최상급+to부정사

5 국내 여행 73
- 문법 1 | 많은 것들 중의 하나를 가리키는 one of+복수명사
- 문법 2 | 비교급 강조부사
- 문법 3 | 명사를 꾸며주는 to부정사

6 집에서 보내는 휴가 85
- 문법 1 | help 구문의 형태
- 문법 2 | 조건을 나타내는 접속사 if
- 문법 3 | 결과를 나타내는 접속사 so

7 외식 97
- 문법 1 | 계속적 용법의 현재완료 have p.p.
- 문법 2 | 수동태 be p.p.
- 문법 3 | 명사를 꾸며주는 과거분사

8 업무설명하기 109
- 문법 1 | 보어 역할을 하는 to부정사

| 문법 2 | 원인과 결과를 나타내는 so 형용사/부사 that 구문
| 문법 3 | 때를 나타내는 when과 until

9 하루일과 123
| 문법 1 | 빈도부사
| 문법 2 | 동명사를 목적어로 취하는 동사
| 문법 3 | 시간을 나타내는 전치사

10 시골에서 있었던 일 137
| 문법 1 | 변화를 나타내는 get p.p.
| 문법 2 | 상대적인 위치를 나타내는 전치사구
| 문법 3 | 감정의 원인을 나타내는 to부정사

11 옷차림 149
| 문법 1 | 현재완료진행형 have been ~ing
| 문법 2 | 부정대명사 one
| 문법 3 | 비교를 나타내는 prefer A to B

12 해외출장 161
| 문법 1 | 복합관계대명사 what
| 문법 2 | 간접의문문
| 문법 3 | 용도를 나타내는 for+ing/명사

13 이웃과 있었던 일 173
| 문법 1 | 주격 관계대명사
| 문법 2 | 목적격 관계대명사
| 문법 3 | 원인과 수단을 나타내는 by

14 쇼핑 185
| 문법 1 | the last time 주어+동사
| 문법 2 | 이유를 나타내는 접속사 as
| 문법 3 | 수량을 나타내는 a pair of

15 해외여행 197
| 문법 1 | 가정법 과거
| 문법 2 | 경험을 나타내는 현재완료 have p.p.
| 문법 3 | 양보접속사 though

16 지형묘사 209
- 문법 1 | because of + 명사/동명사
- 문법 2 | 수동태와 전치사
- 문법 3 | 복합관계부사 wherever

17 테크놀로지 221
- 문법 1 | another, others, the other, the others
- 문법 2 | both A and B, either A or B, neither A nor B, A as well as B
- 문법 3 | no matter how 주어+동사

18 업무설명 233
- 문법 1 | to부정사의 수동태
- 문법 2 | 요청, 명령의 ask, tell+to부정사
- 문법 3 | 소요 시간을 나타내는 take+시간+to부정사

19 운동, 스포츠 243
- 문법 1 | 4형식 문장과 3형식 문장
- 문법 2 | 사역동사
- 문법 3 | 간접화법

20 시골묘사 257
- 문법 1 | 우등비교와 열등비교
- 문법 2 | 계속적 용법의 관계부사
- 문법 3 | 명사를 꾸며주는 현재분사

문법별 목차

1 다양한 시제 표현
1	현재 습관이나 취미, 현재 상태를 나타내는 현재시제	27
2	진행중인 상황을 나타내는 현재진행형 be동사+~ing	28
3	계속적 용법의 현재완료 have p.p.	101
4	현재완료진행형 have been ~ing	153
5	가정법 과거	161
6	경험을 나타내는 현재완료 have p.p.	202

2 시간 묘사
| 1 | 때를 나타내는 부사어 | 28 |

2	과거를 회상하는 used to+동사원형	39
3	기간을 나타내는 during	65
4	때를 나타내는 when과 until	115
5	빈도부사	127
6	the last time 주어+동사	189
7	소요 시간을 나타내는 take+시간+to부정사	238

3 접속사

1	말을 자연스럽게 이어주는 접속사 and, but, now that	39
2	조건을 나타내는 접속사 if	89
3	결과를 나타내는 접속사 so	90
4	이유를 나타내는 접속사 as	189
5	양보접속사 though	202

4 수동태

1	수동태 be p.p.	101
2	변화를 나타내는 get p.p	141
3	수동태와 전치사	213
4	to부정사의 수동태	237

5 분사의 활용

1	명사를 꾸며주는 과거분사	102
2	명사를 꾸며주는 현재분사	263

6 관계대명사와 관계부사

1	복합관계대명사 what	165
2	주격 관계대명사	177
3	목적격 관계대명사	177
4	복합관계부사 wherever	214
5	no matter how 주어+동사	226
6	계속적 용법의 관계부사	261

7 비교급과 최상급의 활용

1	가족 관계를 나타내는 서수 + 나이 형용사 최상급	40
2	'무엇을 하기에 가장 어떠하다'는 의미의 최상급+to부정사	65
3	비교를 나타내는 prefer A to B	154
4	우등비교와 열등비교	261

8 동명사의 활용
1 | 주어로 쓰이는 동명사 — **52**
2 | 동명사를 목적어로 취하는 동사 — **126**

9 to부정사의 활용
1 | 명사를 꾸며주는 to부정사 — **78**
2 | 보어 역할을 하는 to부정사 — **113**
3 | 감정의 원인을 나타내는 to부정사 — **142**

10 전치사의 활용
1 | 특징을 설명하는 형용사 for ~ing — **52**
2 | 시간을 나타내는 전치사 — **129**
3 | 상대적인 위치를 나타내는 전치사구 — **141**
4 | 용도를 나타내는 for ~ing/명사 — **166**
5 | 원인과 수단을 나타내는 by — **178**
6 | because of + 명사/동명사 — **213**

11 강조 표현
1 | 강조의 의미를 가진 부사 — **64**
2 | 비교급 강조부사 — **78**

12 틀리기 쉬운 문장구조
1 | help 구문의 형태 — **89**
2 | 간접의문문 — **165**
3 | 요청, 명령의 ask, tell+to부정사 — **237**
4 | 4형식 문장과 3형식 문장 — **247**
5 | 사역동사 — **248**
6 | 간접화법 — **249**

13 기타
1 | There is / There are — **52**
2 | 많은 것들 중의 하나를 가리키는 one of+복수명사 — **77**
3 | 원인과 결과를 나타내는 so+형용사/부사+that 구문 — **113**
4 | 부정대명사 one — **153**
5 | 수량을 나타내는 a pair of — **190**
6 | another, others, the other, the others — **225**
7 | both A and B, either A or B, neither A nor B, A as well as B — **225**

01

친구 소개

GRAMMAR POINTS

1 | 현재습관이나 취미, 현재 상태를 나타내는 현재시제

2 | 진행중인 상황을 나타내는 현재진행형 be동사+~ing

3 | 때를 나타내는 부사어

1 Power OPIc

친구에 대해 소개하라는 질문은 OPIc에서 자주 출제되는 문제입니다. 이런 질문에 대해 자신 있게 대답하기 위해서는 미리 어떤 친구 한 사람을 염두에 두고 그 친구의 외모나 성격, 취향, 성향, 습관, 취미 등에 대해 잘 소개할 수 있도록 예상 답안을 만들어 완벽하게 연습해두는 것이 좋습니다.

IDEA MAP

친구를 소개할 때는 어떤 내용이 들어가야 할까요? 오늘의 OPIc 문제에 대한 Idea Map을 확인한 후, 나만의 Idea Map을 만들어 봅시다.

IDEA MAP

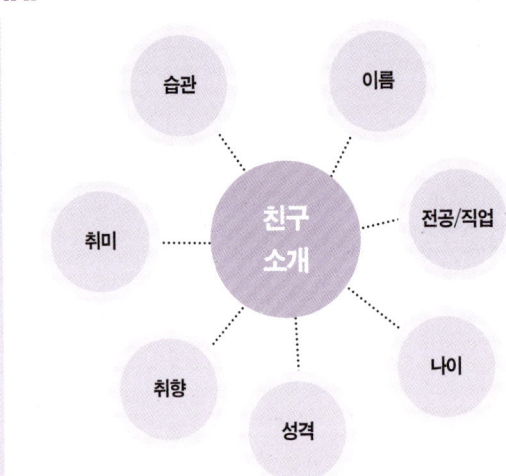

ideas	contents
이름	Jinwoo Kim 김진우
전공/직업	electrical engineering 전기공학 patent lawyer 변리사
나이	junior, younger than me 대학 3학년, 나보다 어림
성격	active 활달함
취미 / 취향	hiking, tennis, badminton 하이킹, 테니스, 배드민턴
습관	gets together with friends 친구들과 모임

MY IDEA MAP

ideas	contents

TODAY'S OPIc

OPIc 문제와 모범 답변으로 오늘 배울 문법을 확인하세요.

Q I'd like you to tell me about one of your friends. What does he or she like to do, and what is he or she like?

친구 중의 한 명에 대해서 말해주시기 바랍니다. 그 친구는 무엇을 하는 것을 좋아하나요? 그리고 그 친구는 어떤 사람인가요?

MODEL ANSWER

Please allow me to introduce my close friend. His name **is** 이름 Jinwoo Kim. He's a student at Credu University, where **he's majoring** in 전공 electrical engineering. **I'm** a senior, but he's a junior now because he is 나이 younger than me. **He's preparing to** 희망 직업 be a patent lawyer. **In his spare time**, he **tries** 성격 to be as active as he can. He **likes** 취미 hiking, and is a member of a hiking club that **goes** on day hikes **every weekend**. Also, he enjoys playing 취미 tennis and badminton. He usually 습관 **gets** together with a few friends and **plays** on week nights whenever he **has** time.

Words & Expressions

Please allow me to introduce ~
~를 소개하겠습니다
major in ~를 전공하다
junior 3학년
　senior 4학년
　sophomore 2학년
　freshman 1학년
in one's spare time
한가할 때, 시간이 날 때
as 형용사 **as** 주어 **can**
가능한 한 ~하게
get together 모이다, 만나다
whenever 주어 **have time** ~가 시간이 될 때마다

나의 친한 친구를 소개하겠습니다. 그의 이름은 김진우입니다. 그는 크레듀 대학의 학생이고, 그곳에서 전기공학을 전공하고 있어요. 나는 4학년이지만 그는 나보다 어려서 3학년입니다. 그는 변리사가 되기 위해 준비 중이죠. 시간이 날 때, 그는 가능한 활동적이려고 노력합니다. 그는 하이킹을 좋아해서, 주말마다 일일 하이킹을 가는 하이킹 클럽의 회원이에요. 또한, 그는 테니스와 배드민턴 치는 것을 좋아합니다. 그는 시간이 날 때면 보통 몇몇 친구들과 평일 밤에 모여서 놀고는 하죠.

GRAMMAR IN OPIc

OPIc 모범 답변에 사용된 주요 문법을 문장을 통해 다시 한 번 확인하세요.

1 성격이나 외모, 평소에 좋아하는 것, 이름, 습관 등 잘 바뀌지 않는 일반적 특징을 나타낼 때는 현재시제로, 요즘 진행중인 일이나 상태는 현재진행형으로 표현했습니다.

- His name **is** Jinwoo Kim.
- He**'s** a student at Credu University, where he**'s majoring** in electrical engineering.
- He**'s preparing** to be a patent lawyer.

2 3인칭 단수 주어에 동사(현재시제)의 수를 일치시켰습니다.

- I'm a senior, but he**'s** a junior now because he **is** younger than me.
- Also, he **enjoys** playing tennis and badminton.
- He usually **gets** together with a few friends and **plays** on week nights whenever he has time.

3 다양한 부사(구)를 사용하여 시간을 나타냈습니다.

- **In his spare time**, he tries to be as active as he can.
- He likes hiking, and is a member of a hiking club that goes on day hikes **every weekend**.

Power Grammar

1 일반적 특징을 나타내는 현재시제

(1) 현재시제의 쓰임
평소에 어떤 것을 좋아하는지, 취미로 무엇을 하는지, 어떤 습관이 있는지, 키는 얼마인지 등 잘 변하지 않는 일반적 특성, 기본적인 정보를 표현할 때는 현재시제를 사용합니다.

(2) 일반동사의 현재시제
일반동사의 경우, 주어가 3인칭 단수일 때 동사의 원형에 -s나 -es를 붙여 현재형을 만듭니다.

He tries to look on the bright side of things.
그는 좋은 쪽으로 생각하려고 노력합니다.

주어가 3인칭 단수일 때 동사원형에 -s나 -es를 붙이는 방법은 다음과 같습니다.

대부분의 동사+s
stop**s**   work**s**   walk**s**   read**s**   speak**s**

-s, -z, -sh, -ch, -x로 끝나는 동사+es
mix**es**   watch**es**   pass**es**   kiss**es**   wash**es**

-e로 끝나는 동사+s
like**s**   love**s**   freeze**s**   change**s**   live**s**   rise**s**

자음+y로 끝나는 동사: y → ies
study → stud**ies**   carry → carr**ies**   cry → cr**ies**   fly → fl**ies**

자음+y로 끝나는 동사+s
play**s**   buy**s**

o로 끝나는 동사+es
do**es**   go**es**

> **SPEAKING POINT**
>
> **주어의 수와 인칭에 신경을 쓰는 습관을 갖자!**
> 친구를 소개하는 OPIc 답변처럼 주어가 3인칭 단수일 경우, 우리 나라 사람들은 무심코 동사에 붙여야 하는 -s나 -es를 빠뜨리고 My friend like bread나 She watch TV라고 말하기 쉽습니다. 주어가 3인칭 단수인지 아닌지 신경 써서 말하는 연습을 끊임없이 함으로써 이런 문제를 어느 정도 해결할 수 있습니다.

2. 진행중인 상황을 나타내는 현재진행형 be 동사+~ing

현재 진행되는 동작, 또는 요즘 실행중이거나 진행중인 내용 등 어떤 일을 하고 있다고 할 때 현재진행형을 사용합니다.

I'm taking two business classes.
나는 두 과목의 경영 수업을 듣고 있습니다.

UPGRADE TIP

현재시제와 현재진행형의 차이

구분	형태	쓰임	예문
현재 시제	동사원형+(e)s	사는 곳, 나이, 형제 관계, 취미, 습관, 특징 등 기본적인 정보	**He takes** a walk everyday. 그는 매일 산책을 합니다.
현재 진행형	be 동사 +~ing	현재 진행중인 일, 상황	**I'm suffering** from homesickness these days. 나는 요즘 향수병에 시달리고 있습니다.

3. 때를 나타내는 부사구

때와 시간을 나타내는 부사 중 두 개 이상의 단어가 한 덩어리가 되어 의미를 완성하는 부사구(in my spare time: 여가 시간에 등)는 통째로 외워서 사용하되, every, this는 시간을 나타내는 명사와 결합하여 고유의 의미를 가진 부사구를 만듭니다.

every+시간을 나타내는 명사 : ~마다
EXAMPLE **every Sunday** 매주 일요일마다   **every week** 매주   **every year** 매년

this+시간을 나타내는 명사 : 이번 ~에
EXAMPLE **this Friday** 이번 금요일에   **this year** 올해   **this spring** 올 봄에

LET'S PRACTICE

앞에서 배운 문법을 활용하여 영어로 문장을 만들어 봅시다.

■ 현재 습관이나 취미, 현재 상태를 나타내는 현재시제

1 나는 저녁 7시 이후에는 아무 것도 먹지 않으려고 노력합니다.

2 대부분의 한국인들은 노래하고 춤추는 것을 아주 좋아합니다. (love)

3 우리 부모님은 매일 아침에 동네를 걷습니다. (around the neighborhood)

■ 진행중인 상황을 나타내는 현재진행형 be 동사+~ing

1 Jessica는 요즘 일본어 강좌를 듣고 있습니다.

2 나는 건강을 위해서 담배를 끊을까 생각 중입니다. (think of)

3 몇 명의 학생들이 말하기 대회를 준비 중입니다. (prepare for)

■ 때를 나타내는 부사구

1 내 여동생은 시간이 날 때 자기 개를 산책시키는 것을 매우 좋아합니다. (in her free time)

2 직장인들은 주중에 운동할 시간이 없습니다.

3 내 상사는 이번 가을에 런던으로 전근이 될 것입니다. (be transferred to)

ANSWER 현재 습관이나 취미, 현재 상태를 나타내는 현재시제
1. I try not to eat anything after 7 p.m.
2. Most Koreans love singing and dancing.
3. My parents walk around the neighborhood every morning.

진행중인 상황을 나타내는 현재진행형 be 동사+~ing
1. Jessica is taking a Japanese class these days.
2. I'm thinking of quitting smoking for my health.
3. Some students are preparing for a speech contest.

때를 나타내는 부사구
1. My sister loves walking her dog in her free time.
2. Office workers don't have time to exercise on the weekdays.
3. My boss will be transferred to London this fall.

Power Practice

1 Model Answer를 참고하여 아래의 빈칸을 알맞은 말로 채워 보세요.

> is/ likes/ am/ goes/ is/ in her spare time/ is/ tries to be/ has/ likes/ gets/ is preparing to be/ plays/ is majoring in

Please allow me to introduce my close friend. Her name is Mina Lee. She's a student at Hankuk University, where she _____ psychology. I _____ a junior, but she _____ a senior now because she _____ older than me. She _____ an therapist. _____, she _____ as active as she can. She _____ in-line skating, and _____ a member of an in-line skating club that _____ skating every weekend. Also, she _____ playing the piano and the violin. She usually _____ together with a few friends and _____ on week nights whenever she _____ time.

ANSWER

Please allow me to introduce my close friend. Her name is Mina Lee. She's a student at Hankuk University, where she is majoring in psychology. I am a junior, but she is a senior now because she is older than me. She is preparing to be a therapist. In her spare time, she tries to be as active as she can. She likes in-line skating, and is a member of an in-line skating club that goes skating every weekend. Also, she likes playing the piano and the violin. She usually gets together with a few friends and plays on week nights whenever she has time.

2 빈칸에 주어진 우리말에 해당하는 알맞은 영어 표현을 넣어 보세요.

Please allow me to introduce my close friend. Her name is Yuna Kim. She majored in education at Daehan University and ① 그녀는 크레듀에서 에디터로 일한다 (에디터: an editor) now. She usually has a lot of work to do, but she ② 모든 일을 완벽하게 처리하려고 노력한다 (처리하다: deal with) . ③ 그녀가 회사에서 일하고 있을 때는 , she looks calm and serious. But in her spare time, ④ 그녀는 가능한 활동적이려고 노력한다 (활동적: active) . She likes jazz dance, and is a member of a jazz dance club that has a dance every weekend. Also, she ⑤ 시간이 있을 때 마다 드럼을 치고 팝 음악을 듣는 것을 즐긴다 (~할 때마다: whenever) .

ANSWER

① she works as an editor at Credu
② tries to deal with every job perfectly
③ When she is working in the company
④ she tries to be as active as she can
⑤ enjoys playing the drums and listening to pop music whenever she has time

MY OPIc ANSWER

앞에서 만들어 보았던 나만의 Idea Map과 오늘의 OPIc 모범 답변을 참고하여 친구를 소개하는 나만의 OPIc 답변을 만들어 봅시다.

도입	Please allow me to introduce my close friend. 나의 친한 친구를 소개하겠습니다.	**My Answer**
이름/나이	His name is Jinwoo Kim. 그의 이름은 김진우입니다. I'm a senior, but he's a junior now because he is younger than me. 나는 4학년이지만 그는 나보다 어려서 3학년입니다	**My Answer**
성격	He tries to be as active as he can. 그는 가능한 활동적이려고 노력합니다.	**My Answer**
전공/직업	He's a student at Credu University, where he's majoring in electrical engineering. He's preparing to be a patent lawyer. 그는 크레듀 대학의 학생이고, 그곳에서 전기공학을 전공하고 있어요. 그는 변리사가 되기 위해 준비 중입니다.	**My Answer**

취미 / 취향

He likes hiking, and is a member of a hiking club that goes on day hikes every weekend. Also, he enjoys playing tennis and badminton.

그는 하이킹을 좋아해서, 주말마다 일일 하이킹을 가는 하이킹 클럽의 회원이에요. 또한, 그는 테니스와 배드민턴 치는 것을 좋아합니다.

My Answer

습관

He usually gets together with a few friends and plays on week nights whenever he has time.

그는 시간이 날 때면 보통 몇몇 친구들과 평일 밤에 모여서 놀고는 하죠.

My Answer

02

나와 나의 가족 소개

GRAMMAR POINTS

1 | 과거를 회상하는 used to + 동사원형

2 | 말을 자연스럽게 이어주는 접속사
and, but, now that

3 | 순서를 나타내는 서수 + 최상급

Power OPIc

OPIc 시험에서 가장 기본적으로 출제되는 문제 유형이 소개하기입니다. 특히 본인 또는 가족을 소개하는 문제는 빈번하게 출제되는데, 오늘의 OPIc 문제처럼 본인과 본인의 가족을 함께 소개하라고 물어볼 수도 있습니다. 이 경우 나를 포함하여 가족에 대해 설명하면 되는데 가족 구성원은 누구인지, 내가 가족 중에서 몇 째인지, 나와 가족 구성원들은 구체적으로 어떤 사람들인지 등으로 구성할 수 있습니다.

IDEA MAP

나와 나의 가족을 소개할 때는 어떤 내용이 들어가야 할까요? 오늘의 OPIc 문제에 대한 Idea Map을 확인한 후, 나만의 Idea Map을 만들어 봅시다.

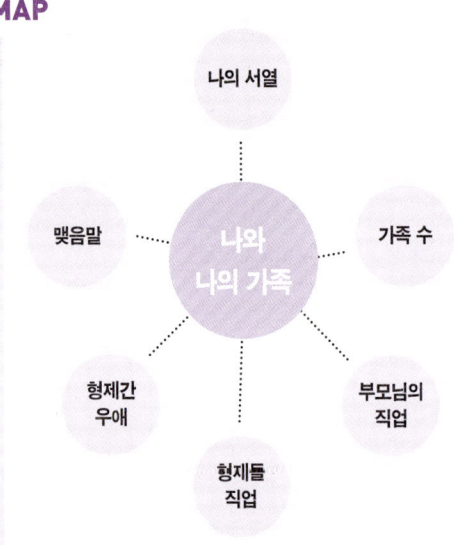

ideas	contents
나의 서열	the second oldest child 집에서 둘째
가족 수	five of us 다섯 명
부모님 직업	father: an airline pilot / mother: a librarian 아버지: 파일럿 / 어머니: 사서
형제들 직업	college students 대학생
형제간 우애	used to argue and fight / get along great these days 말다툼도 하고 싸우기도 했음 / 요즘은 잘 지냄
맺음말	always look forward to coming home and spending time with all of them 집에 가서 모두와 함께 시간을 보내기를 늘 소망함

MY IDEA MAP

ideas	contents

TODAY'S OPIc

OPIc 문제와 모범 답안으로 오늘 배울 문법을 확인하세요.

Q Tell me something about yourself and your family members.
본인과 가족 구성원에 대해서 말해 보세요.

MODEL ANSWER

I am [나의 서열] **the second oldest child** in my family. In all, there are [가족 수] five of us; my mother and father, two sisters and me. My father is [부모님 직업] an airline pilot, **and** my mother is [부모님 직업] a librarian at an elementary school in the town where I grew up. All of us are [형제들 직업] college students, **but** the oldest one will graduate next year. When we were young, we [형제간 우애] **used to** argue and fight a lot, but **now that** we are grown up, and I am away at college for much of the year, we get along great! [맺음말] I always look forward to coming home and spending time with all of them during the school vacations.

Words & Expressions

the second oldest child 둘째 아이
in all 다 합해서, 모두 다해서
librarian 도서관 사서
for much of the year 일 년 중 많은 시간 동안
get along great 아주 잘 지내다, 사이좋게 지내다
look forward to ~ing ~하기를 손꼽아 기다리다

나는 집에서 둘째입니다. 우리 가족은 모두 다섯 명인데요, 어머니, 아버지, 여자 형제 두 명, 그리고 나입니다. 아버지는 비행기 조종사이고, 어머니는 내가 자란 동네 초등학교의 사서이십니다. 우리는 모두 대학생이지만, 첫째는 내년에 졸업할 예정이에요. 우리가 어렸을 때는 말다툼도 많이 하고 많이 싸우기도 했었지만 이제는 다들 컸고, 나는 일 년 중 많은 시간을 학교에서 지내느라 떨어져 있기 때문에 지금 우리는 아주 사이가 좋습니다! 나는 방학 동안에 집에 가서 가족 모두와 함께 지내기를 언제나 손꼽아 기다리고 있어요.

GRAMMAR IN OPIc

OPIc 모범 답변에 사용된 주요 문법을 문장을 통해 다시 한 번 확인하세요.

1 '예전에는 그랬지만 지금은 그렇지 않다' 는 말을 used to+동사원형으로 표현했습니다.

- When we were young, we **used to argue** and fight a lot.

2 두 가지 이상의 이야기를 and, but, now that과 같은 접속사들을 활용하여 자연스럽게 연결했습니다.

- My father is an airline pilot, **and** my mother is a librarian.
- All of us are college students, **but** the oldest one will graduate next year.
- We used to argue and fight a lot, **but now that** we are grown up, we get along great!

3 형제자매의 순서를 서수+최상급을 사용하여 표현했습니다.

- I am **the second oldest child** in my family.

> **NOTE**
>
> 가족의 수를 나타내는 표현
> There are 숫자 of us.
> **EXAMPLE** There are five of us. 우리는 다섯 명입니다.
> There are 숫자 members in my family.
> **EXAMPLE** There are four members in my family. 나의 가족은 네 명입니다.
>
> ※ There are는 일반 사물이나 사람의 수를 설명할 때에도 사용할 수 있습니다.
> **EXAMPLE** There are three bedrooms in my house. 우리집에는 세 개의 침실이 있습니다.
> **EXAMPLE** There are ten students on the playground. 운동장에 열 명의 학생들이 있습니다.

Power Grammar

1 과거를 회상하는 used to+동사원형

(1) used to+동사원형

Used to는 '(지금은 그렇지 않지만 과거에는) ~였다' 는 뜻의 조동사입니다. 따라서, used to 다음에는 동사원형을 씁니다. 해석은 '지금은 그렇지 않지만 예전에는 어떤 행동을 했다, 어떤 습관이 있었다, 어떤 상태였다' 와 같이 합니다.

I used to be shy when I was young.
나는 어렸을 때는 수줍음을 탔습니다. (현재는 그렇지 않음)

(2) used to를 활용한 의문문

Did you use to 동사원형 형태로 과거에 일시적으로 있었던 일, 혹은 더 이상 일어나지 않는 일이나 상태에 대해 물을 수 있습니다.

Did you use to live in Busan?
당신은 부산에서 살았었나요?

> **UPGRADE TIP**
>
> used to와 혼동할 수 있는 be used to ~ing, be used to 구문에 주의하세요. 모두 used to가 들어가지만 의미가 다르고 뒤에 따라오는 동사의 형태도 각기 다르기 때문에 반드시 구별해서 기억합시다.
>
> | 형태 | used to 동사원형 | be used to ~ing | be used to 동사원형 |
> |---|---|---|---|
> | 의미 | 예전에는 ~했다 | ~하는 데 익숙하다 | ~하는 데 사용되다 |
> | 예문 | I **used to live** in a small town.
나는 예전에 작은 마을에서 살았습니다. (지금은 그렇지 않음) | I'm **used to staying** up late.
나는 늦게까지 깨어 있는 것에 익숙해요. | Smart phones **are used to surf** the Internet as well.
스마트폰은 인터넷 서핑을 하는 데에도 사용됩니다. |

2 말을 자연스럽게 연결해 주는 접속사 and, but, now that

두 가지 이상의 명사, 대명사 혹은 두 가지 이상의 사실을 열거할 때는 접속사 and를 써서 '명사 and 명사', '대명사 and 대명사', '절 and 절' 과 같은 형태로 말합니다.

(1) but: 앞뒤 내용이 반대되는 것을 연결할 때

I used to be shy when I was young, **but** now I am quite outgoing.
나는 어렸을 때는 수줍음을 탔지만, 지금은 꽤 외향적입니다.

(2) and: 앞뒤 내용이 연관되거나 자연스럽게 이어질 때

When I was young, I had a lot in common with my sisters, **and** we still do now.
어렸을 때 나는 여자 형제들과 통하는 것이 많았고, 지금도 그렇습니다.

(3) now that: 간접적 이유나 상황을 제시할 때

Now that we don't live together, we can't get together often.
지금은 우리가 함께 살지 않기 때문에 자주 만나지 못합니다.

> **UPGRADE TIP**
>
> 접속사 now that은 because와 비슷해 보이지만 의미 차이가 있습니다. Because는 직접적인 인과관계가 있을 때 쓰지만, now that은 어떤 행동이 일어나게 되는 상황을 제시하거나, 어떠한 판단을 내리게 되는 간접적인 이유를 나타낼 때 씁니다. 또한, because는 since, as로 바꿀 수 있으나 now that은 그렇지 않습니다. 아래 예문을 보면 의미 차이가 좀 더 정확하게 드러납니다.
>
> **EXAMPLE** **Now that** you are here, we can have some tea together.
> 마침 네가 여기 있으니까, 같이 차라도 마시면 좋을 것 같네.(필연적인 인과관계 아님)
>
> **EXAMPLE** **Because** the earth is rotating, days and nights occur.
> 지구가 자전하고 있기 때문에 낮과 밤이 생긴다. (필연적인 인과관계)
> = **Since** the earth is rotating, days and nights occur.
> = **As** the earth is rotating, days and nights occur.

3. 가족 관계를 나타내는 서수 + 나이 형용사 최상급

'서수+나이를 나타내는 형용사의 최상급' 형태를 사용해서 형제 자매 중 몇 째인지를 나타낼 수 있습니다. 예를 들어, '둘째'는 위에서 '두 번째(the second)로 나이가 가장 많은(oldest)'이라는 의미이므로, the second oldest child라고 할 수 있습니다.

I'm **the second oldest** son in my family.
나는 우리집에서 둘째 아들입니다.

> **NOTE**
>
> **가족 중 몇 째인지 말할 때**
>
> 첫째 the oldest son / daughter / one / child
> 막내 the youngest son / daughter / one / child
> 외동아들 the only son | 외동딸 the only daughter
>
> **EXAMPLE** I'm **the youngest daughter** in my family. 나는 우리집에서 막내딸입니다.

LET'S PRACTICE

앞에서 배운 문법을 활용하여 영어로 문장을 만들어 봅시다.

■ **과거를 회상하는 used to + 동사원형**

1 우리는 어렸을 때 공통점이 많았습니다.

2 예전에는 여기에 극장이 있었습니다.

3 우리는 주말에 함께 낚시를 하러 가곤 했습니다.

■ **말을 자연스럽게 이어주는 and, but, now that**

1 나는 부모님과 함께 살고 늘 부모님과 저녁 식사를 합니다.

2 제시는 영어는 아주 잘하지만 일본어는 전혀 못합니다.

3 이제 나는 부모님 집에서 이사 나왔으니까, 내가 나 스스로를 돌보아야 합니다.

■ **가족 관계를 나타내는 서수 + 나이 형용사 최상급**

1 그는 집에서 외동아들입니다.

2 미나는 집에서 둘째 딸입니다.

3 그는 남동생 한 명이 있습니다.

ANSWER 과거를 회상하는 used to+동사원형

1. We used to have a lot in common when we were young.
2. There used to be a theater here.
3. We used to go fishing together on the weekends.

말을 자연스럽게 연결해 주는 and, but, now that

1. I live with my parents and I always have dinner with them.
2. Jessie speaks English very well but he can't speak in Japanese at all.
3. Now that I moved out of my parents' house, I have to take care of myself.

가족 관계를 나타내는 서수+나이형용사 최상급

1. He is the only son in his family.
2. Mina is the second oldest daughter in her family.
3. He has one younger brother.

Power Practice

1 Model Answer를 참고하여 아래의 빈칸을 알맞은 말로 채워 보세요.

> the oldest one / the second oldest / there are / now that / used to

I _____ son in my family. In all, _____ five of us; my mother and father, two brothers and me. My father is a fashion designer, and my mother is a nurse at a junior high school in the town where I grew up. All of us are college students, but _____ will graduate next month. When we were young, we _____ play baseball together very often, but _____ we are grown up, we can't spend much time together! I always look forward to coming home and spending time with my family during the school vacations.

ANSWER

I am the second oldest son in my family. In all, there are five of us; my mother and father, two brothers and me. My father is a fashion designer, and my mother is a nurse at a junior high school in the town where I grew up. All of us are college students, but the oldest one will graduate next month. When we were young, we used to play baseball together very often, but now that we are grown up, we can't spend much time together! I always look forward to coming home and spending time with my family during the school vacations.

2 빈칸에 주어진 우리말에 해당하는 알맞은 영어 표현을 넣어 보세요.

①나는 외동이다_____. ②나의 가족은 세 명이다_____; my mother and father, and me. ③나의 아버지는 예전에 큰 회사에 다니셨다 (~에서 일하다: work for)_____.
④그러나 지금은_____ he is preparing to start his own business.
⑤그리고 나의 어머니는 주부이다_____. Because I don't spend much time with my family weekdays, we try to have dinner together every Sunday.

ANSWER

① I am the only child
② There are three of us in my family
③ My father used to work for a big company
④ But now
⑤ And my mother is a housewife

MY OPIc ANSWER

앞에서 만들어 보았던 나만의 Idea Map과 오늘의 OPIc 모범 답변을 참고하여 우리 가족을 소개하는 나만의 OPIc 답변을 만들어 봅시다.

나의 서열	I am the second oldest child in my family. 나는 집에서 둘째입니다.	**My Answer**
가족 수	In all, there are five of us; my mother and father, two sisters and me. 가족은 모두 다섯 명인데요, 어머니, 아버지, 여자 형제 두 명, 그리고 나입니다.	**My Answer**
부모님 직업	My father is an airline pilot, and my mother is a librarian at an elementary school in the town where I grew up. 아버지는 비행기 조종사이시고, 어머니는 내가 자란 동네 초등학교의 사서이십니다.	**My Answer**
형제들 직업	All of us are college students, but the oldest one will graduate next year. 우리는 모두 대학생이지만, 첫째는 내년에 졸업할 예정이에요.	**My Answer**
형제 간의 우애	When we were young, we used to argue and fight a lot, but now that we are grown up, and I am away at college for much of the year, we get along great! 우리가 어렸을 때는 말다툼도 하고 많이 싸우기도 했었지만 이제는 다들 컸고, 나는 일 년 중 많은 시간을 대학에서 떨어져 지내기 때문에 지금 우리는 아주 잘 지내고 있습니다!	**My Answer**

맺음말

I always look forward to coming home and spending time with all of them during the school vacations.

나는 방학동안에 집에 가서 가족들 모두와 함께 보내기를 언제나 손꼽아 기다리고 있어요.

My Answer

03

동네와 이웃 묘사

1 | There is / There are

2 | 특징을 설명하는 형용사 for ~ing

3 | 주어로 쓰이는 동명사

Power OPIc

New OPIc은 3단 콤보 유형으로 출제되는 경우가 많습니다. 특히 동네와 이웃에 관련된 문제는 3단 콤보 유형으로 나오기 쉬운데요, 살고 있는 동네가 어떤 곳인지, 이웃들이 어떤 사람들인지, 그리고 동네에서 최근에 있었던 특이한 일이나 이웃 사람들과 있었던 일 등 다양한 문제가 연속으로 출제될 수 있습니다. 3장에서는 동네를 묘사하는 답변을 중점적으로 준비해 보겠습니다.

IDEA MAP

살고 있는 동네를 묘사할 때는 어떤 내용이 들어가야 할까요? 오늘의 OPIc 문제에 대한 Idea Map을 확인한 후, 나만의 Idea Map을 만들어 봅시다.

IDEA MAP

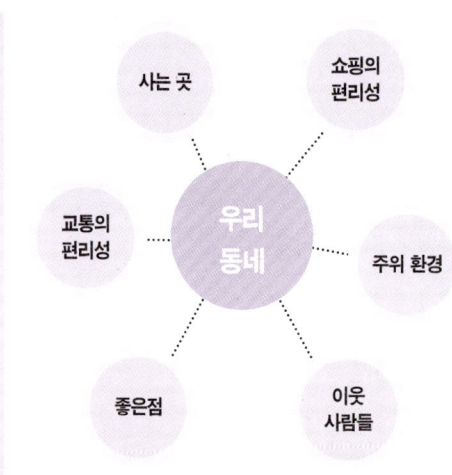

ideas	contents
사는 곳	**a pretty nice part of city** 도시에서 상당히 좋은 지역
쇼핑의 편리성	**convenient for shopping** 쇼핑하기 편함
주위 환경	**good neighborhood / clean and safe** 좋은 동네 환경 / 깨끗하고 안전함
이웃 사람들	**all very nice** 모두 아주 친절함
좋은 점	**good for jogging or taking a walk / not far from where I work** 조깅이나 산책을 하기 좋음 / 내가 일하는 곳에서 멀지 않음
교통의 편리성	**a subway station right next to my apartment** 내 아파트 바로 옆에 있는 지하철 역

MY IDEA MAP

ideas	contents

TODAY'S OPIc

OPIc 문제와 모범 답변으로 오늘 배울 문법을 확인하세요.

Q I would like to know what your neighborhood is like. Can you tell me about your neighborhood? What is it like to live in that part of town?

당신의 동네가 어떤 곳인지 알고 싶습니다. 동네에 대해 말씀해 주시겠습니까? 그곳에 사는 것은 어떻습니까?

MODEL ANSWER

I live in [사는 곳] a pretty nice part of my city. It is very close to downtown and **there's** a big shopping mall, so it's quite [쇼핑의 편리성] **convenient for shopping**. It's also [주위 환경] a good neighborhood; it's [주위 환경] clean, safe, and the people who live around me are [이웃 사람들] all very nice. **There's** even a small park near my house so it's really [좋은 점] **good for jogging** or **taking a walk** alone or with friends. **Living in this part of town** is perfect for me, because [좋은 점] it's not really far from where I work. **There's** [교통의 편리성] a subway station right next to my apartment so I can take the subway to work in just 5 minutes.

Words & Expressions
convenient 편리한
perfect 완벽한
where I work 내가 일하는 곳
even ~조차도
take a walk 산책하다
not really 별로 ~하지 않다
far from ~에서 멀리 떨어져 있는

나는 시에서 상당히 좋은 지역에 살고 있습니다. 시내와도 아주 가깝고, 큰 쇼핑몰도 있어서 쇼핑하기에 꽤 편리합니다. 또한 동네도 아주 좋습니다. 깨끗하고 안전하며 주변에 살고 있는 사람들은 모두들 아주 친절합니다. 우리 집 근처에는 작은 공원도 하나 있어서 혼자 혹은 친구들과 함께 조깅을 하거나 산책을 하기에 정말 좋습니다. 이 동네에서 사는 건 나에게 완벽하다고 할 수 있는데, 왜냐하면 내가 일하는 곳에서 그리 멀지 않기 때문입니다. 지하철 역이 우리 아파트 바로 옆에 있어서 출근할 때 단 5분이면 지하철을 탈 수 있습니다.

GRAMMAR IN OPIc

OPIc 모범 답변에 사용된 주요 문법을 문장을 통해 다시 한 번 확인하세요.

1 '무엇이 있다'는 말은 There is / There are 구문을 이용해서 표현했습니다.

- **There's** a big shopping mall.
- **There's** a small park near my house.
- **There's** a subway station right next to my apartment.

2 '무엇을 하기에 어떻다'라는 의미로 장소의 특징을 표현하기 위해 형용사+for ~ing 구문을 사용했습니다.

- It's **convenient for shopping**.
- It's **good for jogging** or **taking a walk**.

3 '~하기, ~하는 것' 등 행동이 주어 자리에 올 때 동명사를 사용했습니다.

- **Living** in this part of town is perfect for me.

> **NOTE**
>
> **관계대명사**
>
> ① '그 사람들은 아주 친절합니다'라는 문장과 ② '그 사람들은 나와 함께 일합니다'라는 문장을 한 문장으로 만들면 '나와 함께 일하는 사람들은 아주 친절합니다'가 됩니다. 이 때, ②번 문장의 '그 사람들'은 ①번 문장의 '그 사람들'과 의미상 동일하며 '나와 함께 일하는 사람들은'을 보면, ②번 문장이 ①번 문장의 주어인 '그 사람들'을 꾸며주고 있음을 알 수 있습니다. 관계대명사는 위의 예처럼 하나의 문장이 또 다른 문장에 사용된 명사를 꾸밀 수 있도록 도와주는 역할을 합니다. 다시 말해, 'The people work with me(그 사람들은 나와 함께 일합니다)'라는 문장이 'The people are very nice(그 사람들은 아주 친절합니다)'라는 문장에서 The people을 꾸미려면 두 문장의 공통된 명사인 'The people'을 관계대명사로 바꾸어 두 문장 연결해 주어야 합니다. 아래 예문은 두 문장이 어떻게 관계대명사를 사용하여 한 문장으로 변하는지 보여주고 있습니다. 이 때, 꾸밈을 받는 문장 ⓐ의 the people을 관계대명사 who의 선행사라고 합니다.
>
> ⓐ **The people** are very nice. + ⓑ **The people** work with me.
> → ⓐ **The people** are very nice. + ⓑ **Who** work with me.
> → **The people who** work with me are very nice.

관계대명사의 종류

(1) **who**: 선행사가 사람일 때

> **EXAMPLE** The people live around me. + The people work with me.
>
> 그 사람들은 아주 친절합니다. + 그 사람들은 나와 함께 일합니다.
>
> → The people who work with me are very nice.
>
> 나와 함께 일하는 사람들은 아주 친절합니다.

(2) **which**: 선행사가 동물이거나 사물일 때

> The plants are located in the terrace. + The plants are mine.
>
> 그 식물들은 테라스에 있습니다. + 그 식물들은 나의 것입니다.
>
> → The plants which are located in the terrace are mine.
>
> 테라스에 있는 식물들은 나의 것입니다.

(3) **that**: 선행사의 종류에 상관없이 사용

> The man is my father. + The man is sitting on the chair.
>
> 그 남자는 나의 아버지입니다. + 그 남자는 의자에 앉아 있습니다.
>
> → The man that is sitting on the chair is my father.
>
> 의자에 앉아 있는 남자는 나의 아버지입니다.

주격 관계대명사와 목적격 관계대명사

위의 예에서 관계대명사로 변한 문장 ⓑ의 The people은 원래 문장 ⓑ의 주어였습니다. 따라서 who work with me의 관계대명사 who를 주격 관계대명사라고 합니다. 만약 The people이 문장 ⓑ의 목적어였다면 목적격 관계대명사가 되었을 것입니다.

Power Grammar

1 There is / There are

'~이 있다'는 의미의 There is/are 구문은 뒤에 오는 명사가 단수인지 복수인지에 따라 다음과 같이 구별해서 사용할 수 있습니다.

(1) 단수 명사일 때: There is a/an 단수 명사

There is a subway station next to my apartment.
나의 아파트 옆에 지하철 역이 있습니다.

(2) 복수 명사일 때: There are 복수 명사

There are big trees in the park.
공원에 큰 나무들이 있습니다.

2 특징을 설명하는 형용사+for ~ing

'~하기에 어떠하다'는 물건이나 장소의 특징을 표현할 때 '형용사+for ~ing' 구문을 사용합니다.

It's **convenient for taking** the subway.
지하철을 타기에 편리합니다.

> **UPGRADE TIP**
>
> **형용사+for+명사**
> '형용사+for' 다음에는 동명사뿐만 아니라 명사도 올 수 있습니다.
> **EXAMPLE** Tomatoes are good for health.
> 토마토는 건강에 좋습니다.

3 주어로 쓰이는 동명사

동사는 원래 주어로 쓰일 수 없지만, 동사원형에 ~ing를 붙여 동명사를 만들면 '~하기, ~하는 것'이라는 의미로 주어 자리에 올 수 있습니다.

Using public transportations is very convenient.
대중교통을 이용하는 것은 매우 편리합니다.

> **UPGRADE TIP**
>
> '~하기, ~하는 것' 등 어떤 행동을 주어로 표현하고 싶을 경우, 동명사 외에도 to부정사를 쓸 수 있습니다. 그리고 주어가 세 단어 이상으로 길어지면 It을 주어 자리에 쓰고(이것을 가주어 it이라고 합니다) to부정사는 뒤로 빼도록 합니다.
>
> **EXAMPLE** Doing internship during vacation is very helpful for me.
> 방학 동안 인턴을 하는 것은 나에게 아주 도움이 됩니다.
> = To do internship during vacation is very helpful for me.
> = It's very helpful for me to do internship during vacation.

LET'S PRACTICE

앞에서 배운 문법을 활용하여 영어로 문장을 만들어 봅시다.

■ There is / There are

1. 우리 아파트 바로 옆에 작은 슈퍼마켓이 있습니다.

2. 우리 가족은 다섯 명입니다.

3. 우리 동네에는 근사한 쇼핑몰이 있습니다.

■ 특징을 설명하는 형용사 + for ~ing

1. 스마트폰은 이메일을 확인하기에 편리합니다.

2. 온천은 스트레스를 푸는 데 좋습니다. (get rid of stress)

3. 그 가게는 낮은 가격으로 물건들을 사기에 딱 좋습니다. (perfect)

■ 주어로 쓰이는 동명사

1 교육을 전공하는 것이 쉽지는 않습니다.

2 아침을 먹는 것은 건강한 습관입니다.

3 작은 동네에 사는 것도 꽤 괜찮습니다.

ANSWER **There is / There are**

1. There's a small supermarket right next to my apartment.
2. There are five members in my family.
3. There's a nice shopping mall in my neighborhood.

특징을 설명하는 형용사+for ~ing

1. Smart phones are convenient for checking e-mail.
2. Hot springs are good for getting rid of stress.
3. The store is perfect for buying products at low prices.

주어로 쓰이는 동명사

1. Majoring in education is not easy.
2. Eating breakfast is a healthy habit.
3. Living in a small town is quite good.

Power Practice

1 Model Answer를 참고하여 아래의 빈칸을 알맞은 말로 채워 보세요.

> where I work / Living / There's / convenient for / who live

I live in a pretty nice part of my city. It is a little far from downtown but there's a good shopping mall nearby, so it's quite _____ shopping. It's a great neighborhood; it's quiet, safe, and the people _____ around me are all very kind. _____ a small fitness center near my house, so it's really good for working out or building up muscles. _____ in this part of town is good for me, because it's very close to _____.

ANSWER

I live in a pretty nice part of my city. It is a little far from downtown but there's a good shopping mall nearby, so it's quite convenient for shopping. It's a great neighborhood; it's quiet, safe, and the people who live around me are all very kind. There's a small fitness center near my house, so it's really good for working out or building up muscles. Living in this part of town is good for me, because it's very close to where I work.

2 빈칸에 주어진 우리말에 해당하는 알맞은 영어 표현을 넣어 보세요.

I live in the southern part of Seoul. My apartment complex is quite big, and ① 단지 안에 쇼핑몰이 있다 (단지 안에: within the complex) , so it's ② 장보기에 매우 편리하다 (장보기: grocery shopping) . There's even a small mountain near my house so ③ 나의 개를 산책시키는 데 정말 좋다 (산책시키다: walk) . ④ 이곳에 사는 것은 나에게 완벽하다 , because ⑤ 나의 아파트 바로 옆에 지하철 역이 있다 . I can take the subway to work in just 5 minutes.

ANSWER

① there's a shopping mall within the complex
② convenient for grocery shopping
③ it's really good for walking my dog
④ Living here is perfect for me
⑤ there's a subway station right next to my apartment

MY OPIc ANSWER

앞에서 만들어 보았던 나만의 Idea Map과 오늘의 OPIc 모범 답변을 참고하여 살고 있는 동네를 묘사하는 나만의 OPIc 답변을 만들어 봅시다.

사는 곳	**I live in a pretty nice part of my city.** 나는 시에서 상당히 좋은 지역에 살고 있습니다.	My Answer
쇼핑의 편리성	**It is very close to downtown and there's a big shopping mall, so it's quite convenient for shopping.** 그곳은 시내와도 아주 가깝고, 큰 쇼핑몰도 있어서 쇼핑하기에 꽤 편리합니다.	My Answer
주위 환경	**It's also a good neighborhood; it's clean, safe,** 또한 동네도 아주 좋습니다. 깨끗하고 안전하며,	My Answer
이웃 사람들	**and the people who live around me are all very nice.** 주변에 살고 있는 사람들은 모두들 아주 친절합니다.	My Answer
좋은 점	**There's even a small park near my house so it's really good for jogging or taking a walk alone or with friends. Living in this part of town is perfect for me, because it's not really far from where I work.** 우리 집 근처에는 작은 공원도 하나 있어서 혼자 혹은 친구들과 함께 조깅을 하거나 산책을 하기에 정말 좋습니다. 이 동네에서 사는 건 나에게 완벽하다고 할 수 있는데, 왜냐하면 내가 일하는 곳에서 그리 멀지 않기 때문입니다.	My Answer

교통의 편리성 And there's a subway station right next to my apartment so I can take the subway to work in just 5 minutes.

그리고 지하철 역이 우리 아파트 바로 옆에 있어서 출근할 때 5분 정도면 지하철을 탈 수 있습니다.

My Answer
....
....
....
....

04

날씨와 계절

GRAMMAR POINTS

1 | 강조의 의미를 가진 부사

2 | 기간을 나타내는 during

3 | '무엇을 하기에 가장 어떠하다'는 의미의 최상급+to부정사

Power OPIc

New OPIc 돌발 문제로 자주 출제되는 유형으로 날씨나 계절에 대한 문제가 있습니다. Background Survey에는 해당 문항이 없어도 3단 콤보 유형으로 날씨와 계절에 대해 여러 가지 문제가 이어서 출제될 수 있으니 미리 준비해 두어야 합니다. 최근 한국의 기후 변화, 계절이나 날씨에 따라 할 수 있는 야외활동 및 취미생활, 계절에 따라 한국인 혹은 본인이 즐겨하는 활동 등 다양한 질문이 나올 수 있습니다. 4장에서는 우리 나라의 계절과 각 계절의 날씨를 묘사하는 답변을 준비해 보겠습니다.

IDEA MAP

날씨와 계절을 설명할 때는 어떤 내용이 들어가야 할까요? 오늘의 OPIc 문제에 대한 Idea Map을 확인한 후, 나만의 Idea Map을 만들어 봅시다.

IDEA MAP

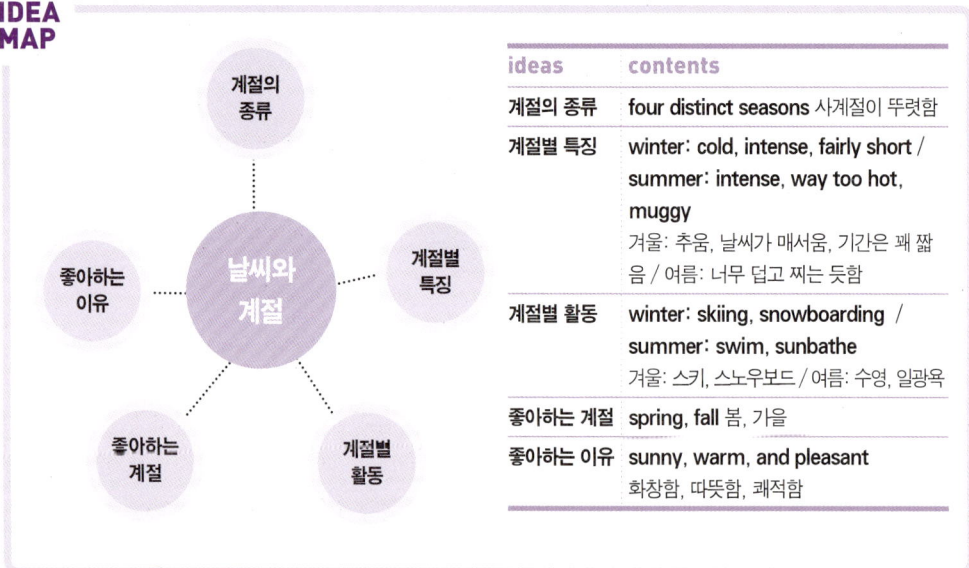

ideas	contents
계절의 종류	four distinct seasons 사계절이 뚜렷함
계절별 특징	winter: cold, intense, fairly short / summer: intense, way too hot, muggy 겨울: 추움, 날씨가 매서움, 기간은 꽤 짧음 / 여름: 너무 덥고 찌는 듯함
계절별 활동	winter: skiing, snowboarding / summer: swim, sunbathe 겨울: 스키, 스노우보드 / 여름: 수영, 일광욕
좋아하는 계절	spring, fall 봄, 가을
좋아하는 이유	sunny, warm, and pleasant 화창함, 따뜻함, 쾌적함

MY IDEA MAP

ideas	contents

TODAY'S OPIc

OPIc 문제와 모범 답변으로 오늘 배울 문법을 확인하세요.

Q Can you tell me about the seasons in your country? What is each season like? How's the weather in each season?

당신이 살고 있는 나라의 계절에 대해 말해주세요. 각각의 계절은 어떤가요? 계절마다 날씨가 어떻습니까?

MODEL ANSWER

[계절의 종류] There are four distinct seasons in Korea. First, the winter is cold and intense, but also **fairly** short, which is nice. Though it's **so** cold in the winter, [계절별 활동] many people enjoy skiing or snowboarding **during the winter vacation**. [계절의 특징] Also in summer, the weather is **very** intense, and, of course **really** hot! In Korea, [계절의 특징] it's **way too** hot and muggy **during the summer**. [계절별 활동] But the summer is **the best** time of the year **to swim and sunbathe**. [좋아하는 계절] The spring and fall are probably my two favorite seasons in Korea. [좋아하는 이유] The weather is usually **quite** sunny, warm, and pleasant **during those seasons**. So spring and fall are **the best times** of the year **to be** outside.

Words & Expressions

distinct 뚜렷한
intense 강한, 강렬한, 독한
enjoy ~ing ~하는 것을 즐기다
muggy 무더운, 찌는 듯한
sunbathe 햇볕에 피부를 태우다, 일광욕하다
probably 아마, 아마도
usually 보통은, 주로
quite 꽤, 상당히
sunny 맑은
pleasant 쾌적한

한국에는 뚜렷한 사계절이 있습니다. 첫 번째로, 겨울은 춥고 매섭지만 꽤 짧기 때문에 괜찮고요. 아주 춥기는 하지만 많은 사람들이 겨울 휴가 기간에 스키나 스노보드를 즐깁니다. 여름에도 날씨가 극심한 편인데, 당연한 말이지만 정말 덥죠! 한국은 여름에 너무나 덥고 찌는 듯해요. 하지만 여름은 일 년 중 수영과 일광욕을 하기에 가장 좋은 때입니다. 아마 봄하고 가을이 제가 한국에서 가장 좋아하는 계절일 텐데요. 이 계절 동안 날씨는 보통 꽤 맑고, 따뜻하고, 쾌적합니다. 그래서 봄과 가을은 일 년 중 밖에 나가기 가장 좋은 때죠.

GRAMMAR IN OPIc

OPIc 모범 답변에 사용된 주요 문법을 문장을 통해 다시 한 번 확인하세요.

1 형용사의 의미를 강조하는 부사들을 사용해서 각 계절의 날씨를 표현했습니다.

- First, the winter is cold and intense, but also **fairly** short, which is nice.
- Though it's **so** cold in the winter.
- Also in summer, the weather is **very** intense, and, of course **really** hot.
- In Korea, it's **way too** hot and muggy during the summer.
- The weather is usually **quite** sunny, warm, and pleasant during those seasons.

2 때를 나타내는 접속사 during을 사용했습니다.

- Many people enjoy skiing or snowboarding **during** the winter vacation.
- It's way too hot and muggy **during** the summer.
- The weather is usually quite sunny, warm, and pleasant **during** those seasons.

3 '각각의 계절이 무엇을 하기에 가장 어떠하다' 라는 의미로 최상급 뒤에 to부정사를 연결하는 형태를 사용했습니다.

- But the summer is **the best time** of the year **to swim** and sunbathe.
- So spring and fall are **the best times** of the year **to be** outside.

NOTE

관계대명사의 제한적 용법과 계속적 용법

제한적 용법

관계대명사 앞에 comma(,)를 붙이지 않으며, 관계대명사 다음에 이어지는 문장이 앞에 있는 선행사를 꾸미도록 해석합니다.

EXAMPLE Credu Park is a good place that I can spend time with my friends.

크레듀 공원은 내가 친구들과 시간을 함께 보낼 수 있는 좋은 장소입니다.

계속적 용법

관계대명사 앞에 comma(,)를 붙이며, 문맥에 따라 comma 이하를 '그리고, 그러나' 등으로 적절히 연결해서 해석합니다.

EXAMPLE I have an aunt, who loves me very much.

= I have an aunt, and she loves me very much.

나는 이모가 한 분 있는데, 이모는 나를 매우 사랑합니다.

EXAMPLE These boys are twins, who look totally different.

= These boys are twins, but they look totally different.

이 소년들은 쌍둥이지만 완전히 다르게 생겼습니다.

Power Grammar

1 강조의 의미를 가진 부사

(1) 부사의 위치

형용사 앞에는 '약간', '꽤', '매우' 등 형용사의 의미를 강조하거나 부연 설명하는 부사를 쓸 수 있습니다.

I live in a **pretty** nice part of my city.

나는 시에서 상당히 좋은 지역에 살고 있습니다.

It's **quite** convenient for shopping.

쇼핑하기에 꽤 편리합니다

It is **very** close to downtown.

그곳은 시내와 아주 가깝습니다.

(2) 부사의 강조 정도에 따른 분류

아래 그림은 강조의 의미를 가진 다양한 부사들을 그 의미가 강한 정도에 따라 분류해 놓은 것입니다. 왼쪽에서 오른쪽으로 갈수록 강조의 의미가 강합니다.

Weak ← → Strong

a little, a little bit	somewhat	pretty, pretty much	quite, fairly	very, really	absolutely, extremely
좀, 약간	어느 정도	꽤	꽤, 상당히	아주, 매우	어마어마하게

> **SPEAKING POINT**
>
> **quiet VS quite**
>
> quiet과 quite은 철자가 비슷해서 혼동하기 쉬운데요, quiet(kwaiət)은 '조용한'이라는 뜻의 형용사이고, quite(kwait)은 '꽤, 매우'라는 뜻의 부사입니다.
>
> **EXAMPLE** Please be **quiet** here. (여기서는 조용히 해 주세요.)
>
> **EXAMPLE** This problem is **quite** difficult. (이 문제는 꽤 어렵네요.)

2 기간을 나타내는 during

기간을 나타내는 전치사 during과 for는 뒤에 오는 말이 다르므로 주의해야 합니다. during 뒤에는 기간을 나타내는 명사(vacation, summer 등)가 오고, for 뒤에는 숫자로 기간을 나타내는 말(3 days, 2 months 등)이 와서 '그 기간 동안에'라는 의미가 됩니다.

It rains a lot in Korea during the summer.
한국에서는 여름 동안 비가 많이 내립니다.

> **UPGRADE TIP**
>
> **기간을 나타내는 표현**
> 지금까지 배웠던 기간을 나타내는 표현들을 정리해 봅시다.
>
> **during + 기간을 나타내는 명사**
> EXAMPLE **I'll visit my parents during the summer vacation.**
> 나는 여름 방학 동안 나의 부모님을 찾아갈 거예요.
>
> **for + 기간을 나타내는 숫자**
> EXAMPLE **I'm going to stay there for two weeks.**
> 나는 그곳에 2주 동안 머무르려고 합니다.
>
> **while + 주어 + 동사**
> EXAMPLE **I'll spend time with my family while I stay there.**
> 나는 그곳에 머무르는 동안 나의 가족들과 함께 시간을 보낼 겁니다.

3 '무엇을 하기에 가장 어떠하다'는 의미의 최상급 + to부정사

최상급 뒤에 to부정사를 연결하여 '무엇을 하기에 가장 어떠하다'는 의미가 됩니다.

Lower-body bathing is the best way to feel rested.
반신욕은 피로회복에 가장 좋은 방법입니다.

Spring is the best time of the year to take a walk.
봄은 일 년 중에 산책하기에 가장 좋은 때입니다.

LET'S PRACTICE

앞에서 배운 문법을 활용하여 영어로 문장을 만들어 봅시다.

■ 강조의 의미를 가진 부사

1 겨울은 매우 춥지만 꽤 짧습니다.

2 그 질문은 꽤 복잡하고(complicated) 헷갈리는군요(confusing).

3 그는 아주 열정적이고(enthusiastic) 외향적입니다.

■ 기간을 나타내는 during

1 한국에서는 여름 동안에 습하고 푹푹 찝니다.

2 나는 중간고사 기간 동안에 아주 바빴습니다.

3 그 점원들은 커피 마시며 쉴 때(the coffee break)만 편히 앉아 볼 수 있습니다(take a load off one's feet).

■ 최상급+to부정사

1 로마에서 할 가장 멋진 일은 뭘까?

2 사랑은 나누어야 할 가장 좋은 것입니다.

3 나는 그것이 문제를 해결하는 가장 적절한(proper) 방법이라고 생각했습니다.

ANSWER 강조의 의미를 가진 부사

1. The winter is really cold but fairly short.
2. The question is quite complicated and confusing.
3. He is very enthusiastic and outgoing.

기간을 나타내는 during

1. It's humid and muggy in Korea during the summer.
2. I was really busy during mid-term examinations.
3. The clerks can take a load off their feet only during the coffee break.

최상급+to부정사

1. What are the best things to do in Rome?
2. Love is the best thing to share.
3. I thought it was the most proper way to solve the problem.

Power Practice

1 Model Answer를 참고하여 아래의 빈칸을 알맞은 말로 채워 보세요.

> way too hot and muggy / to be outside / the best time of the year / during the winter vacation / quite short

There are four distinct seasons in Korea. First, it's cold and intense in winter, but also _____, which is nice. Many people enjoy skiing or snowboarding _____ . On the other hand, it's _____ during the summer. People say that summer is _____ to swim and sunbathe. But my favorite seasons are spring and fall. It's quite sunny, warm and pleasant during those seasons. So the best times of the year _____ are spring and fall.

ANSWER

There are four distinct seasons in Korea. First, it's cold and intense in winter, but also quite short, which is nice. Many people enjoy skiing or snowboarding during the winter vacation. On the other hand, it's way too hot and muggy during the summer. People say that summer is the best time of the year to swim and sunbathe. But my favorite seasons are spring and fall. It's quite sunny, warm and pleasant during those seasons. So the best times of the year to be outside are spring and fall.

2 빈칸에 주어진 우리말에 해당하는 알맞은 영어 표현을 넣어 보세요.

There are four distinct seasons in Korea. They are winter, spring, summer and fall. ① 겨울에는 상당히 춥다_____, but there are several winter sports that people can enjoy. Many people go skiing or snowboarding ② 겨울 휴가 동안_____. In summer, it's way too hot, sticky and muggy. But if you want to swim and sunbathe outside, ③ 여름은 일 년 중 가장 좋은 때이다_____. ④ 봄과 가을은 상당히 짧다_____, but it's quite sunny, warm, and pleasant ⑤ 그 계절 동안_____. These two seasons are ⑥ 일 년 중에서 밖에 나가기 가장 좋은 때_____.

ANSWER

① It's fairly cold in winter
② during the winter vacation
③ summer is the best time of the year
④ The spring and fall are quite short
⑤ during those seasons
⑥ the best times of the year to enjoy your time outside

MY OPIc ANSWER

앞에서 만들어 보았던 나만의 Idea Map과 오늘의 OPIc 모범 답변을 참고하여 날씨와 계절을 설명하는 나만의 OPIc 답변을 만들어 봅시다.

계절의 종류	**There are four distinct seasons in Korea.** 한국에는 뚜렷한 사계절이 있습니다.	My Answer

계절별 특징 1	**First, the winter is cold and intense, but also fairly short, which is nice.** 첫 번째로, 겨울은 춥고 매섭지만 꽤 짧기 때문에 괜찮고요.	My Answer

계절별 활동 1	**Though it's so cold in the winter, many people enjoy skiing or snowboarding during the winter vacation.** 아주 춥기는 하지만 많은 사람들이 겨울 휴가 기간에 스키나 스노보드를 즐깁니다.	My Answer

계절별 특징 2	**Also in summer, the weather is very intense, and, of course really hot! In Korea, it's way too hot and muggy during the summer.** 여름에도 날씨가 극심한 편인데, 당연한 말이지만 정말 덥죠! 한국은 여름에 너무나 덥고 찌는 듯해요.	My Answer

계절별 활동 2	**But the summer is the best time of the year to swim and sunbathe.** 하지만 여름은 일 년 중 수영과 일광욕을 하기에는 가장 좋은 때입니다.	My Answer

좋아하는 계절	The spring and fall are probably my two favorite seasons in Korea.	My Answer
	아마 봄하고 가을이 제가 한국에서 가장 좋아하는 계절일 텐데요.	

좋아하는 이유	The weather is usually quite sunny, warm, and pleasant during those seasons. So spring and fall are the best times of the year to be outside.	My Answer
	이 계절 동안 날씨는 보통 꽤 맑고, 따뜻하고, 쾌적합니다. 그래서 봄과 가을은 일 년 중 밖에 나가기 가장 좋은 때죠.	

MEMO

05

국내 여행

GRAMMAR POINTS

1 | 많은 것들 중의 하나를 가리키는 one of + 복수명사

2 | 비교급 강조부사

3 | 명사를 꾸며주는 to부정사

Power OPIc

Background Survey의 휴가 항목 중 여행(출장 및 국내 여행)은 3단 콤보로 나오기 좋은 주제입니다. 따라서, 지금까지 가본 국내 여행지 중에서 인상 깊었던 곳의 풍경, 특징, 특산물, 맛있는 음식 등을 소개하거나, 그 곳에서 겪었던 재미있거나 기억에 남는 일 등 다양한 내용의 답변을 준비해서 콤보 문항에 대비해야 합니다.

IDEA MAP

국내 여행 경험에 대해 설명할 때는 어떤 내용이 들어가야 할까요? 오늘의 OPIc 문제에 대한 Idea Map을 확인한 후, 나만의 Idea Map을 만들어 봅시다.

IDEA MAP

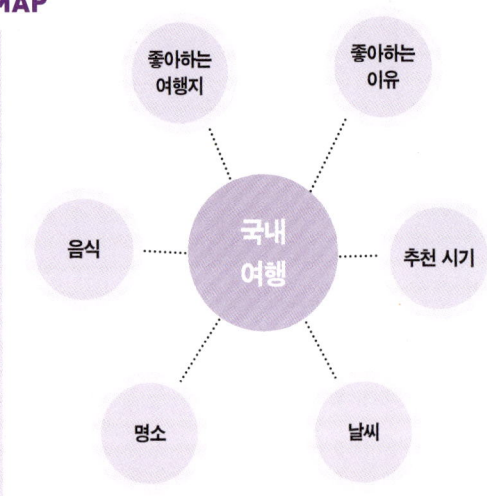

ideas	contents
좋아하는 여행지	Jeju Island 제주도
좋아하는 이유	beautiful place, much to do 아름다운 곳, 할 거리가 많음
추천 시기	winter 겨울
여행지 날씨	very mild climate, much warmer than it is in Seoul 아주 온난한 기후, 서울보다 훨씬 따뜻함
명소	Mt. Halla 한라산
음식	delicious seafood 맛있는 해산물

MY IDEA MAP

ideas	contents

TODAY'S OPIc

OPIc 문제와 모범 답변으로 오늘 배울 문법을 확인하세요.

Q You indicated in the survey that you take vacations within your country. Tell me about some of the places you travel domestically. Why do you like going there and how often do you visit that place?

설문지에서 국내로 휴가를 떠나신다고 하셨습니다. 국내에서 여행하는 곳 몇 군데를 말씀해 주십시오. 왜 그 곳에 가는 것을 좋아하고 얼마나 자주 그 곳에 찾아가십니까?

MODEL ANSWER

One of my favorite places to visit in Korea is [좋아하는 여행지] Jeju Island. It is a very beautiful place **to go**, and [좋아하는 이유] there is so much **to do** there. [추천 시기] I think **the best time of the year to go** is the winter, when it is very cold here in Seoul. [날씨] Jeju Island has a mild climate, so during the winter the weather is usually **much warmer** than it is in Seoul. The spring comes **a lot earlier** as well, so early spring is also very beautiful there. [명소] **One of the most famous places** is definitely Mt. Halla, which is a great place **to go hiking**. And [음식] it is a great place **to eat** delicious seafood. No trip to Jeju Island is complete without having a fantastic fresh seafood dinner!

Words & Expressions
favorite 아주 좋아하는
island 섬
mild 온난한
climate 기후
as well 또한
definitely 당연히, 말할 것도 없이
seafood 해산물
complete 완전한, 완벽한
fantastic 환상적인

내가 한국에서 가장 가고 싶은 장소 중 한 곳이 제주도입니다. 그 곳은 아주 아름답고, 할 거리도 참 많아요. 일 년 중 가장 가기 좋은 시기는 이곳 서울이 아주 추울 때인 겨울이라고 생각합니다. 제주도의 기후는 온난해서 겨울 동안에 날씨가 보통은 서울보다 훨씬 따뜻하거든요. 봄도 역시 아주 일찍 오기 때문에 그 곳의 초봄은 아주 아름답죠. 가장 유명한 장소 중 하나가 분명 한라산일 텐데, 하이킹을 하기 아주 좋은 곳입니다. 그리고 제주도는 맛있는 해물 요리를 먹기 좋은 곳이에요. 제주도 여행은 끝내주게 신선한 해산물 저녁 식사로 완성되죠!

GRAMMAR IN OPIc

OPIc 모범 답변에 사용된 주요 문법을 문장을 통해 다시 한 번 확인하세요.

1 좋았던 경험이나 맛있었던 음식, 기억에 남는 장소 등 '많은 것들 중의 하나'를 의미할 때 'one of +복수 명사'를 사용했습니다.

- **One of my favorite places** to visit in Korea is Jeju Island.
- **One of the most famous places** is definitely Mt. Halla.

2 앞의 명사를 꾸며주는 형용사적 역할을 하는 to부정사를 적절히 사용해 명사를 수식하는 표현을 만들어 봅시다.

- It is **a very beautiful place to go**, and there is **so much to do** there.
- I think **the best time** of the year **to go** is the winter.
- One of the most famous places is definitely Mt. Halla, which is **a great place to go** hiking.
- It is **a great place to eat** delicious seafood.

3 비교급 형용사 앞에 much나 a lot 등을 써서 의미를 더욱 강조했습니다.

- During the winter the weather is usually **much warmer** than it is in Seoul.
- The spring comes **a lot earlier** as well.

> **NOTE**
>
> **이중부정**
>
> 주어 앞에 No를 쓰고 뒤에 without ~ 을 덧붙이면 이중부정이 되어, '~ 없이는 무엇이 있을 수가 없다', 즉, '무엇에게는 ~가 꼭 필요하다, 필수적이다'라는 강한 긍정의 의미가 됩니다.
>
> **No A without B** : A 없이는 B하지 않다, A하면 반드시 B하다
>
> **EXAMPLE** **No** trip to Jeju Island is complete **without** having a fantastic fresh seafood dinner.
> 제주도 여행을 가면 반드시 끝내주게 신선한 해산물 저녁 식사를 합니다.

Power Grammar

1 많은 것들 중의 하나 one of + 복수 명사

(1) 'one of + 복수 명사' 구문은 '~중 하나' 라는 의미입니다.

예를 들어, 좋아하는 애완동물이 많은데 그 중 하나가 앵무새라면 '좋아하는 애완동물 중 하나'라는 의미로 one of my favorite pets라고 표현합니다.

One of my favorite pets is a parrot.
내가 좋아하는 애완 동물 중 하나는 앵무새입니다.

One of the best places to visit in Korea is Busan.
한국에서 가장 가볼 만한 곳 중의 하나는 부산입니다.

(2) 동사의 수 일치

'one of + 복수명사' 는 뒤에 오는 동사의 수 일치에 유의해야 합니다. 복수 명사로 끝나는 구문이 주어이기 때문에 동사도 복수형으로 맞춰 쓰기 쉬운데요, 사실상 one이 주어이기 때문에 단수형 동사를 써야 합니다.

One of the most difficult questions **are** about love. (X)
→ One of the most difficult questions **is** about love. (O)
가장 어려운 질문 중 하나는 사랑에 관한 것이다.

> **SPEAKING POINT**
>
> **'one of + 복수 명사' 구문의 억양**
>
> 'one of the + 최상급 형용사 + 복수 명사' 는 '가장 ~한 것 중 하나' 라는 의미입니다. 이 구문에서 가장 강하게 발음하는 부분이 바로 'the + 최상급 형용사' 와 is 다음에 오는 명사입니다. one of 는 자연스럽게 시작해서 the 최상급 형용사 부분을 강조해서 말한 다음에 억양을 내렸다가 is 다음에 나오는 말을 할 때 다시 강하게 억양을 올려 말하는 연습을 해보세요.
>
> **EXAMPLE** One of the most beautiful pictures of mine is this one.
> 내 사진 중에서 가장 아름다운 사진 중의 하나는 이것입니다.

2 비교급 강조부사

형용사의 비교급 의미를 더욱 강조하기 위해서 비교급 형용사 앞에 다른 부사를 쓸 수 있습니다. 그러면 '훨씬 더 ~한' 이라는 뜻이 되죠. 비교급 강조부사는 much, a lot, still, even, far 총 5가지입니다.

The views from the top of Halla mountain are much more beautiful.
한라산 정상에서 보는 전경이 훨씬 더 아름답습니다.

> **UPGRADE TIP**
>
> **형용사의 원급 강조 VS 비교급 강조**
> 형용사의 원급을 강조해 주는 부사를 비교급에는 쓸 수 없습니다. 반대로, 비교급 강조부사 또한 형용사 원급을 강조할 수 없습니다. 아래 표를 참고하세요.
>
> | 형용사의 원급 강조부사 | | 형용사의 비교급 강조부사 | |
> |---|---|---|---|
> | **very** warm
really warm
so warm | 매우 따뜻한 | **much** warmer
even warmer
a lot warmer
far warmer
still warmer | 훨씬 더 따뜻한 |

3 명사를 꾸며주는 to부정사

명사 뒤에 to부정사를 써서 앞에 있는 명사를 꾸며줄 수 있습니다. A nice place to visit(가볼 만한 좋은 곳), a helpful lecture to listen to(들어볼 만한 유용한 강의) 등이 그 예가 될 수 있습니다.

It is the best spot to enjoy the beautiful scenery.
여기가 아름다운 풍경을 감상할 수 있는 최적의 장소입니다.

The fastest way to get to Jeju Island is by plane.
제주도에 가는 가장 빠른 방법은 비행기로 가는 것입니다.

LET'S PRACTICE

앞에서 배운 문법을 활용하여 영어로 문장을 만들어 봅시다.

■ 많은 것들 중의 하나 one of + 복수명사

1 내 기타는 나에게 있어 가장 값진 것들 중의 하나입니다.

2 가장 힘든 일 중의 하나는 나의 나쁜 버릇을 없애는 것(kick one's bad habits)입니다.

3 어제는 올 겨울 가장 추운 날 중의 하루였습니다.

■ 비교급 강조부사

1 나의 강아지는 나의 고양이보다 훨씬 더 빠릅니다.

2 바다에서 수영하는 것은 수영장에서하는 것보다 훨씬 더 어렵습니다.

3 빨리 걷는 것이 달리는 것보다 건강에 훨씬 더 도움이 될 수 있습니다.

■ 명사를 꾸며주는 to부정사

1 나는 그게 문제를 해결하는 더 나은 방법이라고 생각했습니다.

2 우리는 우리를 도와줄(help us out) 마땅한 사람을 찾지 못했습니다.

3 그는 나에게 살을 뺄 수 있는 더 쉬운 방법을 가르쳐 주었습니다.

ANSWER 많은 것들 중의 하나 one of+복수명사

1. My guitar is one of the most valuable things to me.
2. One of the most difficult things is to kick my bad habits.
3. Yesterday was one of the coldest days this winter.

비교급 강조부사

1. My dog is much faster than my cat.
2. Swimming in the sea is a lot more difficult than in the swimming pool.
3. Fast walking can be much more helpful than running for health.

명사를 꾸며주는 to부정사

1. I thought it was the better way to solve the problem.
2. We couldn't find the right person to help us out.
3. He taught me an easier way to lose weight.

Power Practice

1 Model Answer를 참고하여 아래의 빈칸을 알맞은 말로 채워 보세요.

> one of the most famous places / much cooler / one of my favorite places / a lot earlier / to eat delicious seafood / the best time of the year to go

_____ to go and look around in Korea is Busan. It is a very beautiful place to go, and you can find so many things to do there. I think summer is _____, when it's too hot in all the other cities in Korea. Since Busan is surrounded by sea, the weather is usually _____ than it is in Seoul or other parts of Korea. The summer begins _____ as well, but there are beaches to avoid hot weather, so early summer is also good to spend hot days. _____ in Busan is definitely Haeundae, which is a great place to go swimming. And it is also a great place _____. You can't enjoy a Busan trip 100% without trying a fantastic fresh seafood dinner!

ANSWER

One of my favorite places to go and look around in Korea is Busan. It is a very beautiful place to go, and you can find so many things to do there. I think summer is the best time of the year to go, when it's too hot in all the other cities in Korea. Since Busan is surrounded by sea, the weather is usually much cooler than it is in Seoul or other parts of Korea. The summer begins a lot earlier as well, but there are beaches to avoid hot weather, so early summer is also good to spend hot days. One of the most famous places in Busan is definitely Haeundae, which is a great place to go swimming. And it is also a great place to eat delicious seafood. You can't enjoy a Busan trip 100% without trying a fantastic fresh seafood dinner!

2

빈칸에 주어진 우리말에 해당하는 알맞은 영어 표현을 넣어 보세요.

① <u>내가 가서 보기를 제일 좋아하는 곳 중의 하나</u> around in Korea is Pyeongchang. It is a very ② <u>가기에 평화롭고 아름다운 장소</u> and you can find so many things to do there . I think spring is the best time of the year to go, when ③ <u>훨씬 더 따뜻하다</u> and there are various festivals held here and there. Pyeongchang is located 700 meters above sea level, which is the most appropriate height for a person's biorhythm. During the winter ④ <u>날씨는 보통 훨씬 더 춥다 (보통: usually)</u> than it is in Seoul, but there are so many winter sports you can try. ⑤ <u>가장 유명한 장소들 중 하나</u> is definitely 'Herb Land'. ⑥ <u>발견하고 냄새 맡기에는 최고의 장소이다</u> so many kinds of herbs and try delicious food made with herbs.

ANSWER

① One of my favorite places to go and look
② peaceful and beautiful place to go
③ it's a lot warmer
④ the weather is usually much colder
⑤ One of the most famous places
⑥ It's the best place to find and smell

MY OPIc ANSWER

앞에서 만들어 보았던 나만의 Idea Map과 오늘의 OPIc 모범 답변을 참고하여 국내 여행 경험에 대해 설명하는 나만의 OPIc 답변을 만들어 봅시다.

좋아하는 여행지

One of my favorite places to visit in Korea is Jeju Island.
내가 한국에서 가장 가고 싶은 장소 중 한 곳이 제주도입니다.

My Answer

좋아하는 이유

It is a very beautiful place to go, and there is so much to do there.
그곳은 아주 아름답고, 할 거리도 참 많아요.

My Answer

추천 시기

I think the best time of the year to go is the winter, when it is very cold here in Seoul.
일 년 중 가장 가기 좋은 시기는 이곳 서울이 아주 추울 때인 겨울이라고 생각합니다.

My Answer

여행지의 날씨

Jeju Island has a mild climate, so during the winter the weather is usually much warmer than it is in Seoul. The spring comes a lot earlier as well, so early spring is also very beautiful there.
제주도의 기후는 온난해서 겨울 동안에 날씨가 보통은 서울보다 훨씬 따뜻하거든요. 봄도 역시 아주 일찍 오기 때문에 그곳의 초봄은 아주 아름답죠.

My Answer

명소 — One of the most famous places is definitely Mt. Halla, which is a great place to go hiking.

가장 유명한 장소 중 하나가 분명 한라산일 텐데, 하이킹을 하기에 아주 좋은 곳입니다.

My Answer

추천 음식 — And it is a great place to eat delicious seafood. No trip to Jeju Island is complete without having a fantastic fresh seafood dinner!

그리고 제주도는 맛있는 해물 요리를 먹기 좋은 곳이에요. 제주도 여행은 끝내주게 신선한 해산물 저녁 식사로 완성되죠!

My Answer

06

집에서 보내는 휴가

GRAMMAR POINTS

1 | help 구문의 형태

2 | 조건을 나타내는 접속사 if

3 | 결과를 나타내는 접속사 so

Power OPIc

Background Survey 중 휴가 경험을 묻는 항목에서 '집에서 보내는 휴가'를 고를 경우, 휴가 동안 혹은 주말에 집에서 무엇을 하는지 묻는 질문이 주어질 수 있습니다. 실제로는 특별히 하는 일이 없다고 하더라도, 집에서 할 수 있는 여가활동을 바탕으로 모범 답안을 다양하게 준비해 두세요. 예를 들면 보고 싶었던 책이나 영화를 본다거나, 밀린 집안일을 한다거나, 아니면 친구들을 초대해서 식사를 함께 한다고 할 수도 있습니다.

IDEA MAP

주말 및 휴가를 집에서 보내면서 어떤 활동을 하는지 설명할 때는 어떤 내용이 들어가야 할까요? 오늘의 OPIc 문제에 대한 Idea Map을 확인한 후, 나만의 Idea Map을 만들어 봅시다.

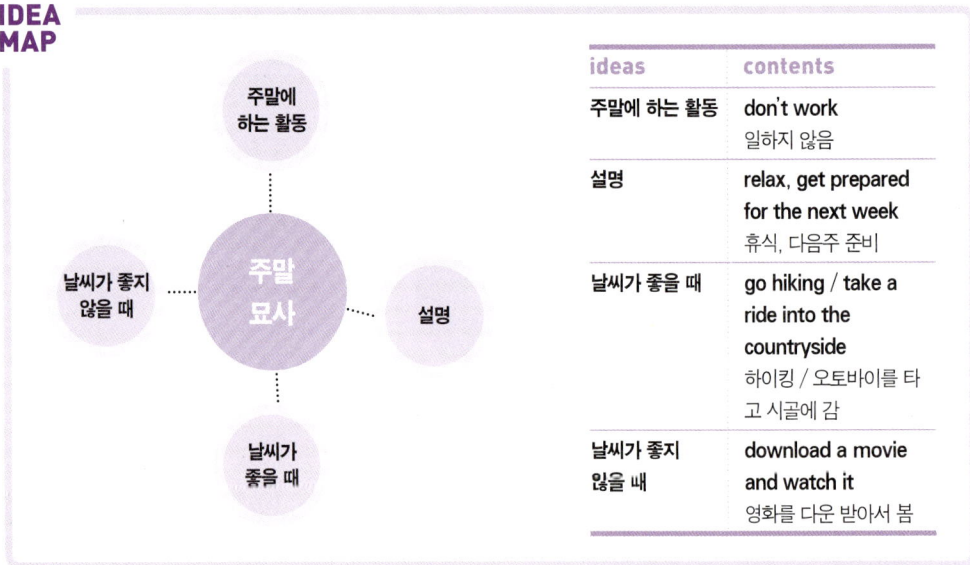

ideas	contents
주말에 하는 활동	don't work 일하지 않음
설명	relax, get prepared for the next week 휴식, 다음주 준비
날씨가 좋을 때	go hiking / take a ride into the countryside 하이킹 / 오토바이를 타고 시골에 감
날씨가 좋지 않을 때	download a movie and watch it 영화를 다운 받아서 봄

MY IDEA MAP

ideas	contents

TODAY'S OPIc

OPIc 문제와 모범 답변으로 오늘 배울 문법을 확인하세요.

Q Please tell me about what you do during the weekend. Do you watch TV or get some sleep? Tell me what your typical weekend is like.

주말에 무엇을 하는지 말씀해 주십시오. TV를 보시나요, 아니면 잠을 자나요? 보통 당신의 주말이 어떠한지 말씀해 주십시오.

MODEL ANSWER

`주말에 하는 활동` I generally don't work on the weekends. `설명` I work hard on the weekdays, **so** I really need to have a couple of days with nothing to do; it **helps me relax and get prepared** for the next work week. `날씨가 좋을 때` If the weather is nice, I like to spend time outdoors on the weekend. I live close to a mountain, **so** I often go hiking, either alone or with friends on the weekends. I also ride a motorcycle, **so if** the weather is warm, I take a ride into the countryside. `날씨가 좋지 않을 때` If the weather isn't nice, I don't feel like going outside. But I don't like to watch TV too much, **so if** I stay home on the weekend, I usually download a movie on the Internet and watch it.

Words & Expressions

on the weekends 주말마다
on the weekdays 주중에
a couple of 한 둘의
get prepared 준비가 되어 있는
work week 일하는 주
spend time 시간을 보내다
outdoors 야외에서
close to ~ 가까이에
motorcycle 오토바이
take a ride (차를) 타다
countryside 시골
feel like ~ing ~하고 싶은 기분이 들다

나는 보통 주말에 일을 하지 않습니다. 평일에 열심히 일하기 때문에 아무것도 하지 않는 시간이 이틀 정도는 정말로 필요하죠. 그 시간은 내가 휴식을 취하고 다음 한 주 동안 일할 준비를 하도록 도와줍니다. 만약 날씨가 좋다면 주말 동안 야외에서 시간 보내는 걸 좋아해요. 나는 산하고 가까운 곳에 살고 있어서 주말마다 혼자 또는 친구들과 자주 하이킹을 하러 갑니다. 나는 또 오토바이를 타기 때문에, 날씨가 따뜻하면 시골로 오토바이를 타고 갑니다. 만약 날씨가 좋지 않다면 밖에 나가고 싶지가 않아요. 하지만 TV를 너무 많이 보는 것도 좋아하지 않으니까 주말에 집에 있을 때는 보통 인터넷에서 영화를 다운 받아서 봅니다.

GRAMMAR IN OPIc

OPIc 모범 답변에 사용된 주요 문법을 문장을 통해 다시 한 번 확인하세요.

1 '누가 무엇을 하게 도와준다'는 의미로 'help+목적어+동사원형' 구문을 썼습니다.

- **It helps me relax and get prepared** for the next work week.

2 '만약 ~하면'이라는 조건을 표현하기 위해 접속사 if를 사용했습니다.

- **If** the weather is nice, I like to spend time outdoor.
- **If** the weather isn't nice, I don't feel like going outside.

3 '그래서 ~하다'라는 의미를 나타내기 위해 접속사 so를 사용했습니다.

- I work really hard on the weekdays, **so** I really need to have a couple of days with nothing to do.
- I live close to a mountain, **so** I often go hiking.
- I also ride a motorcycle, **so** if the weather is warm, I take a ride into the countryside.
- But I don't like to watch TV too much, **so** if I stay home on the weekend, I usually download a movie on the Internet and watch it.

Power Grammar

1 help 구문의 형태

(1) help+목적어+(to) 동사원형

동사는 '누가 ~할 수 있게 도와준다'는 의미로 사용할 때 목적어 뒤에 목적어가 실제로 어떤 행동을 하는지 나타내는 동사가 와야 합니다. 이 때 목적어 다음에 오는 동사의 형태는 동사의 원형, 혹은 to부정사가 올 수 있습니다.

Taking a nap helps me (to) relax.
낮잠을 자는 것은 내가 쉴 수 있게 도와줍니다.

> **SPEAKING POINT**
> 'help+목적어' 다음에 문법적으로는 동사원형과 to부정사 둘 다 올 수 있지만, 구어체에서는 대부분 to를 생략하고 동사원형을 씁니다.
> **EXAMPLE** I helped Jim **to carry** the box.
> = I helped Jim **carry** the box.

(2) help+동사원형

일반적인 상황을 설명할 때 보편적으로 쓸 수 있는 표현입니다.

Sleeping enough helps work well.
잠을 충분히 자면 일을 잘 하는 데 도움이 됩니다.

(3) help with+명사

어떤 일을 도와주는지에 초점을 맞춰 'help with+명사'로 표현할 수 있습니다.

He helped me with my homework.
그는 내 숙제를 도와주었습니다.

2 조건을 나타내는 접속사 if

(1) if 주어+동사

if는 '만약 ~하면'이라는 조건을 나타냅니다.

If the weather is very cold, just stay home.
날씨가 아주 추우면, 집에 가만히 있어.

(2) 조건을 나타내는 if절의 시제

조건을 나타내는 if절의 내용이 미래를 나타내더라도, if절에서는 현재시제를 사용합니다.

If my friends come to my house this weekend, I will cook pasta.
이번 주말에 내 친구들이 우리 집에 온다면, 나는 파스타를 요리할 거예요.

> **UPGRADE TIP**
>
> **불확실한 내용을 표현하는 if**
>
> if는 '~인지 아닌지'라는 뜻의 불확실한 내용을 표현하는 접속사로도 쓰입니다. 이런 경우에는 if절의 내용이 미래를 나타내면 if절에 미래시제를 써야 합니다.
>
> **EXAMPLE** I'm not sure if my friends will come to my house.
> 내 친구들이 우리 집에 올지 안 올지는 확실하지 않아요.

3 결과를 나타내는 접속사 so

앞에 오는 문장의 내용과 연관지어 '그래서 ~하다'라고 말할 때 접속사 so를 쓸 수 있습니다.

I have two dogs, so I usually walk them in the morning.
나는 개를 두 마리 기릅니다. 그래서 보통 아침에 산책을 시키죠.

LET'S PRACTICE

앞에서 배운 문법을 활용하여 영어로 문장을 만들어 봅시다.

■ **Help 구문의 형태**

1. 낮잠을 자면 나는 일에 더 잘 집중할 수 있습니다. (concentrate on)

2. 애완동물을 기르면 우리는 더 행복하고 더 건강하다고 느낄 수 있습니다.

3. 물을 많이 마시면 살을 뺄 수 있습니다. (lose weight)

■ **조건을 나타내는 접속사 if**

1. 내일 눈이 많이 내리면, 우리 계획을 변경하는 게 좋겠어요.

2. 만약 우리 부모님이 나의 장래 목표를 마음에 들어 하지 않으시면, 나는 그분들을 설득하려고 노력하겠어요. (persuade)

3. 만약 이번에 내가 취직을 못하면 나는 두 번째로 도전할 겁니다. (give it a try)

■ **결과를 나타내는 접속사 so**

1. John은 아침 일찍 일어나는 것이 어려워서, 두 개 이상의 알람 시계가 필요합니다.

2. 나는 시골에서 자라서, 흥미로운 경험들을 많이 했습니다.

3 나는 할 일이 많아서 밤을 새웠어요.

ANSWER help 구문의 형태

1. Taking a nap helps me (to) concentrate more on my work.
2. Having a pet helps us (to) feel happier and healthier.
3. Drinking a lot of water helps us (to) lose weight.

조건을 나타내는 접속사 if

1. If it snows a lot tomorrow, we should change our plan.
2. If my parents don't like my future goal, I'll try to persuade them.
3. If I can't get the job this time, I'll give it a second try.

결과를 나타내는 접속사 so

1. John has such a hard time getting up early in the morning, so he needs more than two alarm clocks.
2. I was raised in the country, so I had a lot of interesting experiences.
3. I had a lot of work to do, so I stayed up all night.

Power Practice

1 Model Answer를 참고하여 아래의 빈칸을 알맞은 말로 채워 보세요.

> if it's warm / If the weather / so if I stay home / helps me relax and get prepared / so I sometimes go hiking

Usually I don't work on Saturdays and Sundays. I've got a lot of work to do on the weekdays, so I think I really need to have some time free from work; it _____ for the coming work week. _____ is very nice on the weekend, I love to spend time outdoors. There's a mountain near my place, _____, either by myself or with my friends on the weekends. I also like to ride a motorcycle, so _____, I take a ride into the countryside. If the weather isn't good, I don't want to go outside. But I hate watching TV too much, _____ on the weekend, I usually download a movie on the Internet and enjoy it.

ANSWER

Usually I don't work on Saturdays and Sundays. I've got a lot of work to do on the weekdays, so I think I really need to have some time free from work; it helps me relax and get prepared for the coming work week. If the weather is very nice on the weekend, I love to spend time outdoors. There's a mountain near my place, so I sometimes go hiking, either by myself or with my friends on the weekends. I also like to ride a motorcycle, so if it's warm, I take a ride into the countryside. If the weather isn't good, I don't want to go outside. But I hate watching TV too much, so if I stay home on the weekend, I usually download a movie on the Internet and enjoy it.

2 빈칸에 주어진 우리말에 해당하는 알맞은 영어 표현을 넣어 보세요.

I try not to work on the weekends. I'm busy doing my work on the weekdays, ① 그래서 나는 쉬는 시간을 좀 가지는 것이 정말 필요하다 and rest with nothing to do; ② 그것은 내가 차분한 기분이 되게 도와준다 and get prepared for the next work week. ③ 하지만 만약 처리해야 할 급한 일이 있이 있다면, I have to work on it even on the weekends. ④ 만약 날씨가 좋으면, I go hiking or jogging by myself. Sometimes I get together with my friends and have some fun. ⑤ 그것은 내가 활기 넘치게 느끼도록 도와준다 (활기 넘치는: energetic) and happy. I don't have enough time to do house chores on the weekdays, ⑥ 그래서 나는 나의 집을 청소한다 or wash my clothes on the weekends. I can't sleep for many hours on the weekdays, so I try to take a nap on the weekends.

ANSWER

① so I really need to take some time off
② it helps me feel calm
③ But if there's some urgent thing to handle
④ If the weather is nice
⑤ It helps me feel energetic
⑥ so I clean up my house

MY OPIc ANSWER

앞에서 만들어 보았던 나만의 Idea Map과 오늘의 OPIc 모범 답변을 참고하여 주말에 할 수 있는 활동을 설명하는 나만의 OPIc 답변을 만들어 봅시다.

주말에 하는 활동	I generally don't work on the weekends. 나는 보통 주말에 일을 하지 않습니다.	**My Answer**

설명	I work hard on the weekdays, so I really need to have a couple of days with nothing to do; it helps me relax and get prepared for the next work week. 평일에 열심히 일하기 때문에 아무것도 하지 않는 시간이 이틀 정도는 정말로 필요하죠. 그 시간은 내가 휴식을 취하고 다음 한 주 동안 일할 준비를 하도록 도와줍니다.	**My Answer**

날씨가 좋을 때	If the weather is nice, I like to spend time outdoors on the weekend. I live close to a mountain, so I often go hiking, either alone or with friends on the weekends. I also ride a motorcycle, so if the weather is warm, I take a ride into the countryside. 만약 날씨가 좋다면 주말 동안 야외에서 시간 보내는 걸 좋아해요. 나는 산하고 가까운 곳에 살고 있어서 주말마다 혼자 또는 친구들과 자주 하이킹을 하러 갑니다. 나는 또 오토바이를 타기 때문에, 날씨가 따뜻하면 시골로 오토바이를 타고 갑니다.	**My Answer**

날씨가 좋지 않을 때

If the weather isn't nice, I don't feel like going outside. But I don't like to watch TV too much, so if I stay home on the weekend, I usually download a movie on the Internet and watch it.

만약 날씨가 좋지 않다면 밖에 나가고 싶지가 않아요. 하지만 TV를 너무 많이 보는 것도 좋아하지 않으니까 주말에 집에 있을 때는 보통 인터넷에서 영화를 다운받아서 봅니다.

My Answer

07

외식

GRAMMAR POINTS

1 | 계속적 용법의 현재완료 have p.p.

2 | 수동태 be p.p.

3 | 명사를 꾸며주는 과거분사

Power OPIc

외식에 대한 Background Survey 문항은 New OPIc에서는 삭제되었습니다. 그러나 주거 형태에 대한 문항에 혼자 산다거나 친구와 함께 산다고 대답한다면 식사는 주로 집에서 하는지 아니면 외식을 하는지를 물을 수도 있습니다. 직장인의 경우 동료와의 점심식사에 대한 문제와 연관지어 외식에 관한 질문을 할 수도 있습니다. 이렇게 New OPIc은 다양한 문제끼리 결합하여 콤보로 출제될 가능성이 많으므로, 평소에 좋아하는 음식점, 집이나 회사에서 그 음식점까지의 거리, 누구와 함께 그 음식점에 가는지, 어떤 음식을 먹는지 등 다양한 답변을 준비해 두어야 합니다.

IDEA MAP

외식에 대해 말할 때는 어떤 내용이 들어가야 할까요? 오늘의 OPIc 문제에 대한 Idea Map을 확인한 후, 나만의 Idea Map을 만들어 봅시다.

IDEA MAP

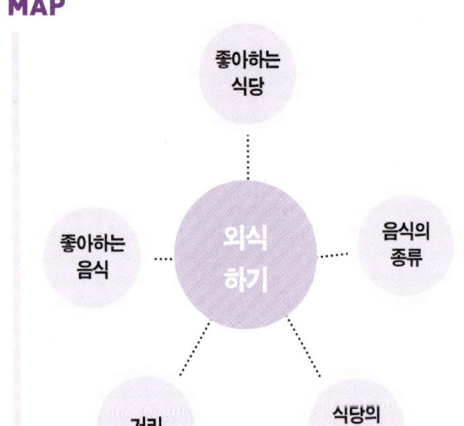

ideas	contents
좋아하는 식당	my aunt's Thai restaurant, 'Thai Special' 숙모님의 태국 음식점, '타이 스페셜'
음식의 종류	authentic Thai food 정통 태국 요리
식당의 역사	opened up five years ago, very popular, the best Thai restaurant in the city 5년 전 개업, 인기 많음, 이 도시 최고의 태국 음식점
거리	not far from my house, 3-5 minutes by taxi 나의 집에서 멀지 않음, 택시로 3-5분
좋아하는 음식	Tom yam kung, chicken, shrimp, peppers, one of the top ten Thai dishes 똠양꿍, 닭고기, 새우, 고추, 최고 10위권 태국 요리

MY IDEA MAP

ideas	contents

TODAY'S OPIc

OPIc 문제와 모범 답안으로 오늘 배울 문법을 확인하세요.

Q Tell me about a place you especially like to go to eat out. Tell me how you get there from home and what you normally eat there.

특별히 외식하러 가기 좋아하는 곳에 대해서 말씀해 주십시오. 집에서 그곳까지 어떻게 가는지, 그리고 보통 그곳에서 무엇을 먹는지 말씀해 주십시오.

MODEL ANSWER

좋아하는 식당 My favorite place to eat in my neighborhood is a Thai restaurant **owned by** my aunt. **It's called** "Thai Special" and 음식 종류 it serves delicious, authentic Thai food. 식당 역사 She opened up the restaurant five years ago. Since then, **it has become** very popular because the food is so good, and **it has been** the best Thai restaurant in the city! 거리 It's not really far from my house. It takes me only 3-5 minutes by taxi to get there, so I go there and enjoy Tom yam kung very often. 좋아하는 음식 Tom yam kung is my favorite, and I've enjoyed it for several years since I first tasted it. Tom yam kung **is made of** chicken, shrimp, peppers, etc. It's a traditional Thai soup and **it has been** one of the top ten Thai dishes **loved by** people all around the world.

Words & Expressions
owned by ~가 소유한
authentic 진정한
Thai food 태국 음식
open up 개업하다
soon after ~하자마자 바로
move to ~로 이사하다
since then 그 때부터 쭉
Tom yam kung 똠얌꿍
taste 맛을 보다, 먹어 보다
traditional 전통적인
dish 음식, 요리
all around the world 전 세계에서

우리 동네에서 내가 즐겨 먹으러 가는 곳은 나의 숙모가 하시는 태국 음식점입니다. 그 식당은 '타이 스페셜'이라고 하는데, 맛있는 정통 태국 요리를 제공하죠. 숙모는 5년 전에 그 식당을 개업하셨어요. 그 후로 음식이 너무 맛있어서 인기가 아주 높아졌고 시에서 최고의 태국 음식점이 되었습니다. 그곳은 우리 집에서 많이 멀지는 않아요. 거기까지 가는 데 택시를 타고 3~5분 정도 걸리죠. 그래서 그곳에 자주 가서 똠얌꿍이라는 음식을 즐깁니다. 똠얌꿍은 내가 가장 좋아하는 음식이고, 그걸 처음 맛본 이후로 몇 년 동안 즐겨 먹고 있어요. 똠얌꿍은 닭고기와 새우, 고추 등으로 만듭니다. 전통적인 태국식 스프이고 전 세계의 사람들에게 사랑을 받는 태국 요리로 10위 안에 듭니다.

GRAMMAR IN OPIc

OPIc 모범답안에 사용된 주요 문법을 문장을 통해 다시 한 번 확인하세요.

1 행동이나 상태가 과거부터 현재까지 지속됨을 나타내는 현재완료시제를 사용하여 좋아하는 식당이나 음식의 역사를 설명했습니다.

- It **has been** the best Thai restaurant in the city.
- I**'ve enjoyed** it for several years since I first tasted it.
- It **has been** one of the top ten Thai dishes.

2 수동태를 사용하여 좋아하는 식당의 이름과 좋아하는 음식의 재료를 설명했습니다.

- It**'s called** "Thai Special".
- Tom yam kung **is made of** chicken, shrimp, peppers, etc.

3 명사를 꾸며주는 과거분사를 사용하여 식당과 음식의 특징을 묘사했습니다.

- My favorite place to eat is a Thai restaurant **owned by** my aunt.
- It has been one of the top ten Thai dishes **loved by** people all around the world.

Power Grammar

1 계속적 용법의 현재완료 have p.p.

과거의 어느 시점부터 현재까지 상태나 행동이 계속될 때, 현재완료(have+p.p.)를 사용합니다. 이를 현재완료의 계속적 용법이라고 합니다.

The restaurant **has been** there for more than 10 years.
그 식당은 10년 넘게 그 곳에 있었어요.

I**'ve lived** in my neighborhood since I was 10 years old.
나는 이 동네에서 10살 때부터 살았습니다.

UPGRADE TIP

현재완료의 계속적 용법과 함께 사용되는 시간 부사구(절)

과거부터 현재까지 이어지는 상태나 행동이 지속된 기간을 for 나 since로 나타냅니다.

for + 기간을 나타내는 숫자

EXAMPLE I **have lived** in this house **for** 5 years. 나는 이 집에서 5년째 살고 있습니다.

since + 시작된 시점을 나타내는 명사 / 문장

EXAMPLE My father **has worked** for Credu since 2005.
우리 아버지는 2005년부터 크레듀에서 근무해 왔습니다.

My father **has worked** for Credu since I was 7.
우리 아버지는 내가 7살 이었을 때부터 크레듀에서 근무했습니다.

2 수동태 be p.p.

(1) 수동과 능동

주어가 어떤 행동을 직접 하면 동사를 능동형으로 쓰고, 주어가 행동의 대상이 되어 당하거나 어떤 상태에 놓이게 되면 동사를 수동형(be+p.p.)으로 씁니다.

능동	We paint all the houses in white. 우리는 모든 집을 희게 칠했습니다.
	→ 우리(We)가 직접 행동을 함
수동	All the houses are painted in white (by us). 모든 집이 희게 칠해졌습니다.
	→ 모든 집(All the houses)이 직접 스스로를 칠한 것이 아니라, 우리(us)에 의해 칠해짐

(2) 능동태를 수동태로 전환하기

능동태 문장을 수동태 문장으로 전환하려면 간단히 말해 주어와 목적어의 위치를 바꾼 후 동사를 수동형(be+p.p.)으로 바꾸면 됩니다. 능동태 문장에서 행위의 대상이었던 목적어를 주어 자리에 보내고 행위자인 능동태 문장의 주어는 수동태 문장의 맨 뒤에 'by+목적격' 형태로 씁니다. 그러나 행위자가 일반 대중이거나, 문맥을 통해 이미 알고 있는 경우에는 'by+목적격'을 생략할 수 있습니다.

3. 명사를 꾸며주는 과거분사

과거분사는 명사의 앞이나 뒤에서 명사를 수식할 수 있으며, '~되는, ~된'으로 해석합니다.

(1) 명사의 앞에서 수식하는 과거분사

과거분사가 단독으로 명사를 수식할 때, 수식을 받는 명사 앞에 옵니다.

Look at that **broken** window.

저 깨진 유리창을 봐. (break: 깨뜨리다 - broke - broken)

(2) 명사의 뒤에서 수식하는 과거분사

과거분사가 전치사 및 부사 등 다른 말과 연결되어 있을 경우 명사 뒤에 옵니다.

In winter, we can see mountains **covered with** white snow.

우리는 겨울에 눈으로 덮인 산을 볼 수 있습니다.

LET'S PRACTICE

앞에서 배운 문법을 활용하여 영어로 문장을 만들어 봅시다.

■ 현재완료의 계속적 용법

1 나의 아버지는 ABC 프로덕션에서 10년 넘게 일해오셨습니다.

2 나의 이모는 대학생이었을 때부터 Miami에서 살고 계십니다.

3 나는 3년 동안 전문 상담원이 되려고 준비해 왔습니다.

■ 수동태 be p.p.

1 스마트폰은 많은 사람들에게 사용됩니다.

2 Bill은 아버지에게 꾸중을 들었습니다. (scold)

3 그 에세이는 그녀에 의해 쓰여졌습니다.

■ 명사를 꾸며주는 과거분사

1 그녀는 모두에게 알려진(known to) 인기 작가입니다.

2 Julie는 아름다운 천으로 포장된 선물을 받았습니다.

3 나는 영어로 쓰여진 소설을 한 권 사려고 서점에 갔습니다.

ANSWER 현재완료의 계속적 용법

1. My father has worked for ABC production for more than ten years.
2. My aunt has lived in Miami since she was a college student.
3. I have prepared to be a professional counselor for 3 years.

수동태 be p.p.

1. Smart phones are used by many people.
2. Bill was scolded by his father.
3. The essay was written by her.

명사를 꾸며주는 과거분사

1. She is a popular writer known to everybody.
2. Julie got a present wrapped with beautiful cloth.
3. I went to a bookstore to buy a novel written in English.

Power Practice

1 Model Answer를 참고하여 아래의 빈칸을 알맞은 말로 채워 보세요.

> made of / owned by / loved by people / I've enjoyed it / It's called

My favorite place to eat in my neighborhood is a Vietnamese restaurant _____ my friend. _____ "Hanoi Morning" and it serves delicious and special Vietnamese food. He opened up the restaurant three years ago. It's a little far from my house. It takes me about twenty minutes in a taxi to get there, but I love to go there and enjoy various foods from time to time. Special A is my favorite menu item, and _____ for many years since I first tried it. Special A is _____ rice, hot pepper, egg, etc. It's a traditional Vietnamese main dish and it has been one of the top five Vietnamese dishes _____ in the world.

ANSWER

My favorite place to eat in my neighborhood is a Vietnamese restaurant owned by my friend. It's called "Hanoi Morning" and it serves delicious and special Vietnamese food. He opened up the restaurant three years ago. It's a little far from my house. It takes me about twenty minutes in a taxi to get there, but I love to go there and enjoy various foods from time to time. Special A is my favorite menu item, and I've enjoyed it for many years since I first tried it. Special A is made of rice, hot pepper, egg, etc. It's a traditional Vietnamese main dish and it has been one of the top five Vietnamese dishes loved by people in the world.

2 빈칸에 주어진 우리말에 해당하는 알맞은 영어 표현을 넣어 보세요.

My favorite place to eat out is a seafood noodle restaurant owned by one of my neighbors. ① 그곳은 "Seafood Land" 라고 불린다 and people can enjoy various noodles and seafood stews.
It's quite far from my place, but I go there to enjoy seafood dishes very often. My most favorite dish is spicy hot noodles, and
② 나는 그것을 처음 맛본 이후로 몇 년 동안 그것을 즐겨 왔다 (맛보다: taste) .
③ Spicy hot noodles는 -로 만들어진다 shrimp, garlic, peppers, etc. And it has been one of the restaurant's ④ 모든 사람들에게 사랑받는 상위 10가지 음식 .

ANSWER
① It's called "Seafood Land"
② I've enjoyed it for several years since I first tasted it
③ Spicy hot noodles are made of
④ top ten dishes loved by everyone

MY OPIc ANSWER

앞에서 만들어 보았던 나만의 Idea Map과 오늘의 OPIc 모범 답변을 참고하여 여가 시간의 외식에 대해 설명하는 나만의 OPIc 답변을 만들어 봅시다.

좋아하는 식당	My favorite place to eat in my neighborhood is a Thai restaurant owned by my aunt. 우리 동네에서 내가 즐겨 먹으러 가는 곳은 나의 숙모가 하시는 태국 음식점입니다.	**My Answer**
음식의 종류	It's called "Thai Special" and it serves delicious, authentic Thai food. 그 식당은 '타이 스페셜'이라고 하는데, 맛있는 정통 태국 요리를 제공하죠.	**My Answer**
식당의 역사	She opened up the restaurant five years ago soon after she first moved to Korea. Since then, it has become very popular because the food is so good, and it has been the best Thai restaurant in the city! 숙모는 5년 전에 그 식당을 개업하셨어요. 그 후로 음식이 너무 맛있어서 인기가 아주 높아졌고 시에서 최고의 태국 음식점이 되었습니다!	**My Answer**
거리	It's not really far from my house. It takes me only 3-5 minutes in a taxi to get there, so I go there and enjoy Tom yam kung very often. 그곳은 우리 집에서 많이 멀지는 않아요. 거기까지 가는 데 택시를 타고 3~5분 정도 걸리죠. 그래서 그곳에 자주 가서 똠얌꿍이라는 음식을 즐깁니다.	**My Answer**

좋아하는 음식

Tom yam kung is my favorite, and I've enjoyed it for several years since I first tasted it. Tom yam kung is made of chicken, shrimp, peppers, etc. It's a traditional Thai soup and it has been one of the top ten Thai dishes loved by people all around the world.

똠꿍은 내가 가장 좋아하는 음식이고, 그걸 처음 맛본 이후로 몇 년 동안 즐겨 먹고 있어요. 똠얌꿍은 닭고기와 새우, 고추 등으로 만듭니다. 전통적인 태국식 스프이고 전 세계 사람들에게 사랑을 받는 태국 요리로 10위 안에 듭니다.

My Answer

08

업무 설명하기

1 | 보어 역할을 하는 to부정사

2 | 원인과 결과를 나타내는 so 형용사/부사 that 구문

3 | 때를 나타내는 when과 until

Power OPIc

직장인인 경우 회사에서 어떤 업무를 맡고 있는지를 묻는 질문이 자주 출제됩니다. OPIc에서 고득점을 받기 위해 무엇보다 중요한 '발화량 확보 및 풍부한 내용 구성'을 이루려면, 직장에서 하는 일을 무작정 나열하기보다 서론-본론-결론의 3단 구성을 갖추어 체계적으로 답변해야 합니다. 서론에서 자신이 직장에서 하고 있는 일을 소개하고, 본론에서 구체적인 업무 내용과 특징들을 설명한 후, 결론에서는 일을 하면서 느끼는 보람 혹은 전반적인 느낌, 감정 등으로 마무리합니다.

IDEA MAP

직장에서의 업무를 설명할 때는 어떤 내용이 들어가야 할까요? 오늘의 OPIc 문제에 대한 Idea Map을 확인한 후, 나만의 Idea Map을 만들어 봅시다.

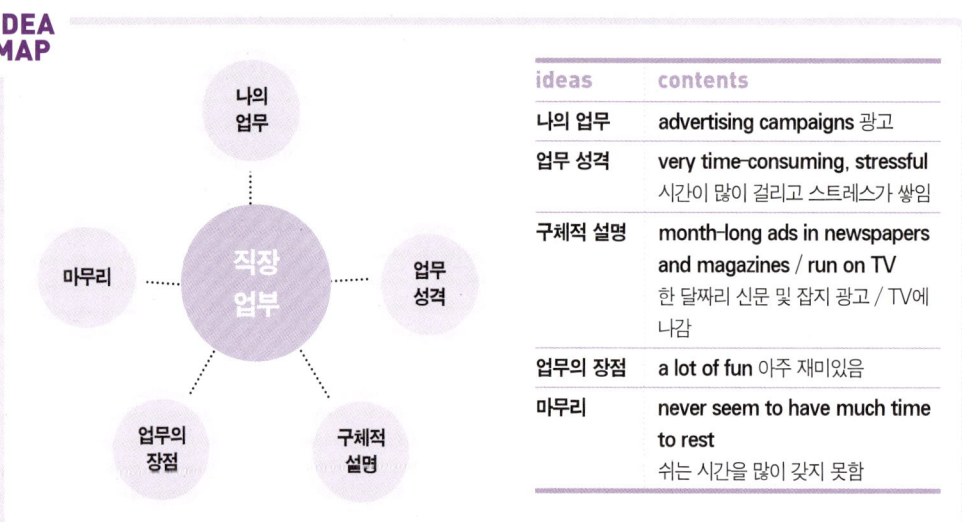

ideas	contents
나의 업무	**advertising campaigns** 광고
업무 성격	**very time-consuming, stressful** 시간이 많이 걸리고 스트레스가 쌓임
구체적 설명	**month-long ads in newspapers and magazines / run on TV** 한 달짜리 신문 및 잡지 광고 / TV에 나감
업무의 장점	**a lot of fun** 아주 재미있음
마무리	**never seem to have much time to rest** 쉬는 시간을 많이 갖지 못함

MY IDEA MAP

ideas	contents

TODAY'S OPIc

OPIc 문제와 모범 답변으로 오늘 배울 문법을 확인하세요.

Q Tell me about the kinds of projects and assignments you do at work.

회사에서 당신이 하는 프로젝트나 업무는 어떤 것들인지 말씀해 주십시오.

MODEL ANSWER

나의 업무 My job is **to put together** advertising campaigns for our clients. Some of our clients are **such** big and famous businesses **that** it is often 업무의 성격 a very time-consuming and stressful job. 구체적 설명 Usually, we run month-long ads in newspapers and magazines, but **when** our clients want, we take on campaigns that are run television. The TV ads take a lot more time to put together, and they are much costlier, but also 업무의 장점 a lot of fun! I get a great feeling of accomplishment **when** we finish a successful ad campaign. 마무리 We are **so** busy, though, **that** I never seem to have much time to rest **until** the next big job comes along!

Words & Expressions
put together 만들다
client 고객
time-consuming 시간이 소요되는
stressful 스트레스를 주는
month-long 한 달간 계속되는
run 진행하다, 계속하다
ad 광고
take 시간 **to V** V 하는 데 시간이 들다
a lot more 훨씬 더 많은
costly 비용이 많이 드는
accomplishment 성취
get a feeling of ~하는 느낌을 받다
successful 성공적인

나의 업무는 고객들을 위해 광고를 만드는 것입니다. 우리의 고객들 중 일부는 아주 크고 유명한 기업이기 때문에 내 업무는 종종 시간이 아주 많이 걸리고 스트레스를 주는 일이 되기도 하죠. 우리는 보통 신문이나 잡지에 한 달짜리 광고를 내지만, 고객이 원할 때는 TV에 나가는 광고를 만듭니다. TV 광고는 만드는 데 훨씬 더 많은 시간이 걸리고 훨씬 더 많은 비용이 들지만, 또한 아주 재미있는 일이기도 해요! 우리가 성공적인 광고를 끝내고 나면 나는 굉장한 성취감을 느낍니다. 하지만 우리는 너무나 바빠서 그 다음 큰 일이 다가올 때까지 절대로 쉬는 시간을 많이 갖지는 못할 것 같아요!

GRAMMAR IN OPIc

OPIc 모범답안에 사용된 주요 문법을 문장을 통해 다시 한 번 확인하세요.

1 보어 역할을 하는 to부정사를 써서 업무 내용을 설명했습니다.

'나의 업무는 ~하는 것이다' 라고 말할 때 '~하는 것'에 해당하는 말을 to부정사로 표현할 수 있습니다. 이렇게 주어, 여기서는 '나의 업무'를 설명해 주는 말을 보어라고 합니다.

- My job is **to put together** advertising campaign.

2 so+형용사+that절 을 사용하여 원인과 결과를 표현했습니다.

- We are **so** busy **that** I never have much time to rest.

3 어떤 일이 일어나는 때를 나타내는 when(~할 때), 지속되는 기간을 나타내는 until(~까지)을 사용하여 구체적인 예를 들어 설명했습니다.

- **When** our clients want, we run ads on television.
- I get a great feeling of accomplishment **when** we finish a successful ad campaign.
- I never have much time to rest **until** the next job comes along.

Power Grammar

1   보어 역할을 하는 to부정사

'A는 B이다', 'A는 B가 아니다', 혹은 'A는 B가 된다'라는 문장에서 B에 해당하는 말을 보어라고 합니다. 보어는 주어와 동사만으로는 문장의 의미가 완전하지 않을 때 부가 설명을 해주어 문장을 완성시키는 역할을 합니다. 보어로는 명사, 형용사, to부정사, 동명사, that절 등 다양한 문장요소가 올 수 있습니다.

Jane is nice. (보어: 형용사)
제인은 친절합니다.

He is my friend. (보어: 명사)
그는 나의 친구입니다.

My job is to meet clients. (보어: to 부정사)
= **My job is meeting clients.** (보어: 동명사)
나의 일은 고객들을 만나는 것입니다.

The truth is that he has never met her before. (보어: that 절)
진실은 그가 그녀를 이전에 한 번도 만난 적이 없다는 것입니다.

> **UPGRADE TIP**
>
> **주격보어와 목적격보어**
>
> '~이다', '~가 아니다', '~되다' 등의 의미를 가진 보어는 주어의 상태를 나타내는 말이기 때문에 주격보어라고 합니다. 따라서, 목적어의 상태를 나타내는 말은 목적격보어가 됩니다.
>
> **EXAMPLE**   Her name is Sally. (Her name = Sally)   I call her Sally. (her = Sally)
>   　　　　　　주어　　　　주격보어　　　　　　　　　　　　　　목적어 목적격보어
>   　　　　　그녀의 이름은 Sally입니다.　　　　　　　　　　　나는 그녀를 Sally라고 부릅니다.

2   원인과 결과를 나타내는 so 형용사/부사 that 구문

(1) 형태와 의미

'So 형용사/부사 that' 구문은 '매우/너무 ~해서 …하다'라는 원인과 결과를 나타내는 표현입니다. So 다음에 오는 형용사나 부사가 어떤 현상의 원인이 되고, that 이하가 그 결과를 나타냅니다. 'So 형용사/부사 that' 구문은 긍정적인 결과와 부정적인 결과를 모두 나타낼 수 있으며, 긍정적인 결과일 때에는 that절이 긍정문, 부정적인 결과일 때에는 that절이 부정문이 됩니다.

:: 긍정적 결과

Charlie is so smart that he understands everything easily.
→ 원인 : 똑똑하다 | 결과 : 모든 것을 쉽게 이해한다
Charlie는 매우 똑똑해서 모든 것을 쉽게 이해합니다.

:: 부정적 결과

Amy was so tired that she couldn't get up early.
→ 원인 : 피곤하다 | 결과 : 일찍 일어날 수 없다
Amy는 너무 피곤해서 일찍 일어날 수 없었습니다.

(2) to부정사를 활용한 변형

'So 형용사/부사 that' 구문을 to부정사를 활용하여 변형할 수도 있습니다. 결과를 나타내는 that절의 의미가 긍정적인지 부정적인지에 따라 변형된 형태가 달라집니다.

:: 긍정적인 의미일 때: 형용사/부사 enough to부정사

Charlie is so smart that he understands everything easily.
= Charlie is smart enough to understand everything easily.
Charlie는 매우 똑똑해서 모든 것을 쉽게 이해합니다.

He studied so hard that he passed the exam.
= He studied hard enough to pass the exam.
그는 매우 열심히 공부해서 시험에 합격할 수 있었습니다.

:: 부정적인 의미일 때: too 형용사/부사 to

Amy was so tired that she couldn't get up early.
= Amy was too tired to get up early.
Amy는 너무 피곤해서 일찍 일어날 수 없었습니다.

Tom walked so slowly that he couldn't catch up with anyone.
= Tom walked too slowly to catch up with anyone.
Tom은 너무 느리게 걸었기 때문에 아무도 따라잡지 못했습니다.

> **UPGRADE TIP**
>
> **'such 명사 that' 구문**
>
> 'Such 명사 that' 구문은 'so 형용사/부사 that' 구문과 비슷하지만, 형용사가 명사를 꾸미고 있다는 점에서 차이가 있습니다. 오늘의 OPIc 모범답변에도 Some of our clients are **such** big and famous businesses **that** it is often a very time-consuming and stressful job이라는 문장이 있습니다. 형용사 big and famous가 명사인 businesses를 꾸미고 있기 때문에 so가 아닌 such를 사용한 것으로 이해하면 됩니다.
>
> **EXAMPLE** **Barbara is such a good girl that everybody likes her.**
> Barbara는 정말 착한 아이라 모두가 그녀를 좋아합니다.

3 때를 나타내는 when과 until

(1) when 주어+동사
어느 때, 시점에 특정 행동이나 상태가 일어날 때 when을 사용합니다. When은 접속사이므로 뒤에는 주어+동사 형태만 올 수 있습니다.

I was taking a rest when the phone rang.
전화기가 울렸을 때 나는 휴식을 취하고 있었습니다.

(2) until 주어+동사 (혹은 명사)
어느 때, 시점까지 행동이나 상태가 계속될 때 until을 씁니다. 이 때 until 다음에는 명사가 오거나, 주어 동사가 올 수 있습니다.

I won't answer the phone until tomorrow.
나는 내일까지는 전화를 받지 않을 생각이야.

LET'S PRACTICE

앞에서 배운 문법을 활용하여 영어로 문장을 만들어 봅시다.

■ 보어 역할을 하는 to부정사

1 우리 팀의 목표는 올해 말까지 새 웹사이트를 구축하는 것입니다.

　　　...

2 나의 업무는 회사들을 위해 새로운 슬로건을 만드는 것입니다.

　　　...

3 그녀의 취미는 가구를 다양한 색으로 페인트칠 하는 것입니다.

　　　...

■ 원인과 결과를 나타내는 so 형용사/부사 that 구문

1 Tom은 너무 배가 고파서 한 번에 햄버거 세 개를 먹었습니다.

　　　...

2 나는 너무 늦게 도착해서 연설을 모두 놓치고 말았습니다.

　　　...

3 그녀는 너무 초조해서 전혀 집중을 할 수 없었습니다.

　　　...

■ 때를 나타내는 when과 until

1 나는 내 일이 끝나기 전까지는 사무실을 떠날 수가 없습니다.

　　　...

2 내 상사는 다음 주 화요일까지 그녀의 프로젝트를 끝내야 합니다.

　　　...

3 나는 누군가를 도와줄 때 기분이 너무나 좋습니다.

....

ANSWER 보어 역할을 하는 to부정사

1. Our team's goal is to build a new website by the end of the year.
2. My job is to create new slogans for companies.
3. Her hobby is to paint furniture in different colors.

원인과 결과를 나타내는 so 형용사/부사 that 구문

1. Tom was so hungry that he ate three hamburgers at one time.
2. I arrived so late that I missed the entire speech.
3. She was so anxious that she couldn't concentrate at all.

때를 나타내는 when과 until

1. I can't leave the office until I'm done with my work.
2. My boss has to finish her project by next Tuesday.
3. I feel very happy when I help someone else.

3 Power Practice

1 Model Answer를 참고하여 아래의 빈칸을 알맞은 말로 채워 보세요.

> when our clients want / so big and famous that / so busy that / to rest until / put together

What I do is to _____ advertising campaigns for our clients. Some of our clients are _____ sometimes it is a very time-consuming and stressful job. Usually, we place month-long ads in newspapers or in magazines, but _____, we take on campaigns that are run on television. The TV ads take a lot more time to put together, and they are much costlier, but a lot of fun at the same time! I get a great feeling of accomplishment when we're done with a successful ad campaign. However, we are _____ I never seem to have enough time _____ the next big campaign comes along!

ANSWER

What I do is to put together advertising campaigns for our clients. Some of our clients are so big and famous that sometimes it is a very time-consuming and stressful job. Usually, we place month-long ads in newspapers or in magazines, but when our clients want, we take on campaigns that are run on television. The TV ads take a lot more time to put together, and they are much costlier, but a lot of fun at the same time! I get a great feeling of accomplishment when we're done with a successful ad campaign. However, we are so busy that I never seem to have enough time to rest until the next big campaign comes along!

2 빈칸에 주어진 우리말에 해당하는 알맞은 영어 표현을 넣어 보세요.

I work for a publishing company and ①<u>나의 일은 좋은 책들을 만드는 것이다</u> for children. I'm so interested in making books that I really enjoy what I'm doing. We usually publish two books a month, but ②<u>만들어야 하는 책들이 더 있을 때</u>, ③<u>모든 편집자들은 밤 늦게까지 일하느라 상당히 바쁘다</u>. Some books take a lot more time to finish, and they are much costlier, but also a lot of fun! I feel really proud of myself when my books sell well. ④<u>우리는 보통 매우 바쁘다</u> at the end of each month that I never seem to have enough time to get together with my friends.

ANSWER

① my job is to make good books
② when there are more books to make
③ all the editors are pretty busy working until late at night
④ We are usually so busy

MY OPIc ANSWER

앞에서 만들어 보았던 나만의 Idea Map과 오늘의 OPIc 모범 답변을 참고하여 직장에서의 업무를 소개하는 나만의 OPIc 답변을 만들어 봅시다.

나의 업무

My job is to put together advertising campaigns for our clients.

나의 업무는 고객들을 위해 광고를 만드는 것입니다.

My Answer

업무의 성격

Some of our clients are such big and famous businesses that it is often a very time-consuming and stressful job.

우리의 고객들 중 일부는 아주 크고 유명한 기업이기 때문에 내 업무는 종종 시간이 아주 많이 걸리고 스트레스를 주는 일이 되기도 하죠.

My Answer

구체적 설명

Usually, we run month-long ads in newspapers and magazines, but when our clients want, we take on campaigns that are run on television.

우리는 보통 신문이나 잡지에 한 달짜리 광고를 내지만, 고객이 원할 때는 TV에 나가는 광고를 만듭니다.

My Answer

업무의 장점

The TV ads take a lot more time to put together, and they are much costlier, but also usually a lot of fun! I get a great feeling of accomplishment when we finish a successful ad campaign.

TV 광고는 만드는 데 훨씬 더 많은 시간이 걸리고 훨씬 더 많은 비용이 들지만, 또한 아주 재미있는 일이기도 해요! 우리가 성공적인 광고를 끝내고 나면 나는 굉장한 성취감을 느낍니다.

My Answer

마무리

We are so busy, though, that I never seem to have much time to rest until the next big job comes along!

하지만 우리는 너무나 바빠서 그 다음 큰 일이 다가올 때까지 절대로 쉬는 시간을 많이 갖지는 못할 것 같아요!

My Answer

09

하루 일과

GRAMMAR POINTS

1 | 빈도부사

2 | 동명사를 목적어로 취하는 동사

3 | 시간을 나타내는 전치사

Power OPIc

하루 일과를 설명하는 질문은 출제 경향이 바뀐 New OPIc에서 돌발 질문으로 나올 수 있습니다. 이 문제에 대한 답변은 준비만 하면 쉽게 점수를 딸 수 있고, 주로 어렵지 않은 문법이 사용되기 때문에 고득점 공략 포인트라고 할 수 있습니다. 자신의 하루를 아침-오전-점심-오후-저녁 시간 순으로 설명하되, 각 시간대에 어디에서 누구와 무엇을 하는지 등 주요 일과를 빼놓지 않고 설명하는 것이 중요합니다.

IDEA MAP

하루 일과를 설명할 때는 어떤 내용이 들어가야 할까요? 오늘의 OPIc 문제에 대한 Idea Map을 확인한 후, 나만의 Idea Map을 만들어 봅시다.

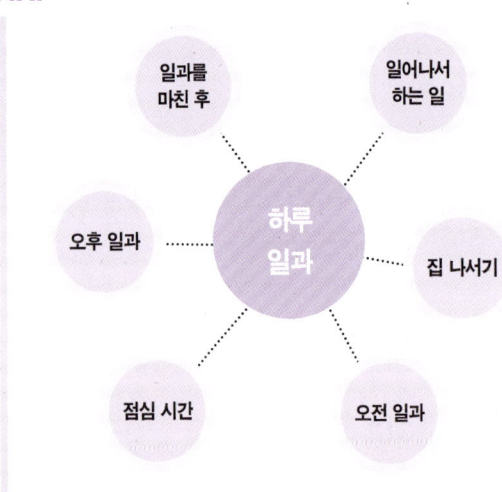

ideas	contents
일어나서 하는 일	breakfast with my family 가족과 함께 아침 식사
집 나서기	use the subway, read books 지하철 이용, 독서
오전 일과	check emails 이메일 체크
점심 시간	talking with my colleagues over lunch 점심을 먹으면서 동료들과 이야기함
오후 일과	meeting, paperwork 회의, 서류 작업
일과를 마친 후	go back home, spend time with my dog 집으로 돌아감, 개와 함께 시간을 보냄

MY IDEA MAP

ideas	contents

TODAY'S OPIc

OPIc 문제와 모범 답변으로 오늘 배울 문법을 확인하세요.

Q I'd like to know about your daily routine. What do you usually do on weekdays? Give me as many details as possible.

당신의 일상적인 하루 일과에 대해서 알고 싶습니다. 평일에는 주로 무엇을 하나요? 가능한 한 자세하게 많은 것을 말씀해 주세요.

MODEL ANSWER

On weekdays, I 일어나서 하는 일 **usually** get up **at 7 o'clock** and eat breakfast with my family. But **sometimes** I have to skip breakfast and rush to my office. I leave my house **around 8 o'clock**. 집 나서기 I **usually** use the subway and rarely take a taxi. On the way to my office, I **often** read books. 오전 일과 I get to my office **around 8:30**, and check my emails **until 9**. 점심 시간 I **almost always** have lunch with my colleagues, and we **enjoy talking** together over lunch. 오후 일과 After lunch, I **often** have a meeting and do some paperwork. Sometimes I get together with my colleagues and have fun at night, 일과를 마친 후 but I **usually** go back home right after I call it a day. My dog **always** waits for me to come back and I spend some time with my dog until I get to sleep **around 12**.

Words & Expressions

weekdays 평일
sometimes 어떤 때는, 가끔은
skip 건너 뛰다, 거르다
rush to 서둘러 가다
around ~경에, ~정도에
get to ~에 도착하다
rarely 드물게, 거의 ~않게
on the way to 어디로 가는 길에, 어디로 가는 도중에
= **on one's way to**
almost always 거의 항상
colleague 동료
over lunch 점심 식사를 하면서
do some paperwork 서류 작업을 하다
call it a day 하루 일과를 마치다

나는 평일에 주로 7시에 일어나서 가족들과 함께 아침 식사를 합니다. 하지만 때로는 아침 식사를 거르고 사무실에 서둘러 가야 하기도 하죠. 나는 8시경에 집을 나섭니다. 주로 지하철을 이용하고 택시는 거의 타지 않아요. 사무실로 가는 길에는 종종 책을 읽습니다. 8시 30분쯤 사무실에 도착해서, 9시까지 메일을 확인합니다. 나는 거의 항상 동료들과 함께 점심 식사를 하고, 우리는 점심을 먹으면서 함께 이야기하는 것을 즐깁니다. 점심 식사 후에는 종종 회의를 하거나 서류 작업을 합니다. 가끔 밤에 동료들과 다 같이 만나서 놀기도 하지만, 하루 일과를 마치고 나면 보통은 바로 집으로 돌아갑니다. 나의 강아지는 내가 집에 돌아오기를 항상 기다리고 있는데, 12시쯤 잠이 들 때까지 강아지와 함께 시간을 보냅니다.

GRAMMAR IN OPIc

OPIc 모범 답변에 사용된 주요 문법을 문장을 통해 다시 한 번 확인하세요.

1 어떤 일이 얼마나 자주 일어나는지를 나타내기 위해서 다양한 빈도부사를 사용했습니다.

- I **usually** get up at 7 o'clock.
- **Sometimes** I have to skip breakfast.
- On the way to my office, I **often** read books.
- I **almost always** have lunch with my colleagues.
- I **often** have a meeting and do some paperwork.
- My dog **always** waits for me to come back.

2 무엇을 즐겨 하는지를 enjoy+~ing 구문으로 표현했습니다.

- We **enjoy talking** together over lunch.

3 시간을 나타내는 전치사를 사용하여 특정한 시간대에 무엇을 하는지 설명했습니다.

- I usually get up **at 7 o'clock**.
- I leave my house **around 8 o'clock**.
- I get to my office **around 8:30**, and check my emails **until 9**.
- I get to sleep **around 12**.

Power Grammar

1 빈도부사

빈도부사를 사용해 어떤 일이 얼마나 자주 일어나는지 또는 활동 등을 얼마나 자주 하는지를 표현할 수 있습니다.

(1) 빈도부사의 종류

아래 표에서 오른쪽으로 갈수록 빈도가 높아집니다.

least frequent							most frequent
never	rarely	seldom	sometimes	usually	often	almost always	always
절대로 ~않다	거의 ~않다	좀처럼 ~하지 않다	가끔	보통	자주	거의 항상	항상

(2) 빈도부사의 위치

빈도부사는 보통 be동사 뒤, 조동사 뒤, 일반동사 앞에 옵니다. usually나 sometimes는 문장 맨 앞에 올 수도 있습니다.

The meeting is usually held on Tuesdays.
그 회의는 보통 화요일마다 열립니다. (be동사 뒤)

We can always buy books online.
우리는 항상 인터넷에서 책을 살 수 있습니다. (조동사 뒤)

I never eat raw meat.
나는 절대로 날고기를 먹지 않습니다. (일반동사 앞)

Sometimes he feels lonely.
가끔 그는 외로움을 느낍니다. (문장의 앞)

2 동명사를 목적어로 취하는 동사

동명사나 to부정사 둘 다 목적어로 취할 수 있는 동사도 있지만, 어떤 동사는 동명사나 to부정사 둘 중 하나만을 목적어로 사용합니다.

목적어	동사의 종류	예문
동명사 & to 부정사	try(노력하다) start(시작하다) begin(시작하다) like(좋아하다) continue(계속하다) 등	She **started exercising** every morning. = She **started to exercise** every morning. 그녀는 매일 아침 운동하는 것을 시작했습니다.
동명사	enjoy(즐기다) finish(끝내다) mind(꺼리다) avoid(피하다) keep(계속하다) put off(연기하다) 등	They **finished repairing** the kitchen. 그들은 부엌 수리를 끝냈습니다.
to 부정사	decide(결정하다) hope(희망하다) want(원하다) wish(바라다) promise(약속하다) expect(기대하다) 등	The government **decided to raise** the tax. 정부는 세금을 올리기로 결정했습니다.

> **UPGRADE TIP**
>
> **목적어의 형태에 따라 뜻이 달라지는 try**
>
> try는 동명사와 to부정사 모두 목적어로 사용할 수 있지만, to부정사가 목적어일 때에는 '~을 하려고 노력하다', 동명사가 목적어일 때에는 '~을 시험 삼아 해보다'라는 뜻으로 목적어의 형태에 따라 의미가 완전히 달라집니다.
>
> **EXAMPLE** She **tried to wear** high heels.
> 그녀는 하이힐을 신으려고 노력했습니다.
>
> **EXAMPLE** She **tried wearing** high heels.
> 그녀는 시험 삼아 하이힐을 신어 봤습니다.

3 시간을 나타내는 전치사

시간을 나타내는 전치사는 크게 세 종류로 나눠집니다.

하루 중의 시간	**in the morning**(아침에) **at noon**(정오에) **in the afternoon**(오후에) **in the evening**(저녁에) **at night**(밤에) **at midnight**(자정에) **at 8 o'clock**(8시에) **around 11 o'clock**(11시경에)
일, 주 단위의 시간	**on Monday**(월요일에) **on Mondays**(월요일마다) **on Monday morning**(월요일 아침에) **on weekend**(주말에)
월, 해 단위의 시간	**in August**(8월에) **in 1997**(1997년에)

My first class begins at 9 o'clock.
나의 첫 수업은 9시에 시작합니다.

I get up late on Sundays.
나는 일요일에는 늦게 일어납니다.

It rained heavily in July.
7월에 비가 심하게 내렸습니다.

> **NOTE**
>
> **전치사 over**
>
> 전치사 over는 '~하면서, ~하는 동안'이라 의미로 쓰여 시간을 나타낼 수 있습니다. 예를 들어 over lunch 라고 하면 '점심을 먹으면서, 점심을 먹는 동안'이라는 뜻이고, over a cup of coffee는 '커피 한 잔을 마시면서'라는 의미입니다.
>
> **EXAMPLE** I always read a magazine **over lunch**.
> 나는 항상 점심을 먹으면서 잡지를 읽습니다.

LET'S PRACTICE

앞에서 배운 문법을 활용하여 영어로 문장을 만들어 봅시다.

■ 빈도부사

1 나의 여동생은 항상 옷에다 돈을 너무 많이 씁니다.

2 그는 아침에 일찍 일어나는 경우가 거의 없습니다.

3 John은 가끔 밤늦게 나에게 전화를 겁니다.

■ 동명사를 목적어로 취하는 동사

1 많은 사람들이 건강을 위해서 패스트푸드를 먹지 않으려고 노력합니다.

2 아버지는 진공청소기로 청소하는 것을 저녁 식사 전에 마치셨습니다.

3 일이 밀렸기 때문에 나는 여행가는 것을 포기했습니다.

■ 시간을 나타내는 전치사

1 우리는 커피 한 잔 하면서 그 문제에 대해서 이야기하기로 했습니다.

2 나는 할 일이 많기 때문에 주말에도 출근을 합니다.

3 우리 선생님은 오늘 아침 10시경에 학교에 도착하셨습니다.

_____

ANSWER 빈도부사

1. My sister always spends too much money on clothes.
2. He rarely wakes up early in the morning.
3. John often gives me a call late at night.

동명사를 목적어로 취하는 동사

1. Many people try to avoid eating fast food for their health.
2. My father finished vacuuming before dinner.
3. As I got behind in my work, I gave up going on a trip.

시간을 나타내는 전치사

1. We decided to talk about the issue over a cup of coffee.
2. I go to work on weekends because I have a lot of work to do.
3. My teacher got to school around 10 o'clock this morning.

Power Practice

1 Model Answer를 참고하여 아래의 빈칸을 알맞은 말로 채워 보세요.

> until / talking together over lunch / usually go back home / on weekdays / around

_____, I always get up _____ 7 o'clock and eat breakfast. I usually drive to my office. I get to my office around 8:30, and check my emails _____9. I almost always have lunch with my colleagues, and we enjoy _____. After lunch, I often have a meeting and do some paperwork. Sometimes I get together with my colleagues and have fun at night, but I _____ right after I finish work. I listen to my favorite radio program until I go to bed, which is usually around 11.

ANSWER

On weekdays, I always get up around 7 o'clock and eat breakfast. I usually drive to my office. I get to my office around 8:30, and check my emails until 9. I almost always have lunch with my colleagues, and we enjoy talking together over lunch. After lunch, I often have a meeting and do some paperwork. Sometimes I get together with my colleagues and have fun at night, but I usually go back home right after I finish work. I listen to my favorite radio program until I go to bed, which is usually around 11.

2 빈칸에 주어진 우리말에 해당하는 알맞은 영어 표현을 넣어 보세요.

From Monday to Friday, I usually get up before 7 o'clock and have breakfast alone. But ①<u>가끔 나는 늦게 일어난다</u> and don't have enough time to eat breakfast before work. I leave my house usually ②<u>8시경에</u>. I take the subway to get to work or a bus; <u>③ 나는 택시를 거의 타지 않는다 (거의 ~ 않는: rarely)</u>. I often read the newspaper on my way to work. I arrive at my office around 8:30, and the first thing I do is check my emails. My lunch time is from 12 to 1. I almost always have lunch with my colleagues, and <u>④ 나는 그들과 함께 잡담하는 것을 즐긴다</u> over lunch. After lunch, I often have a meeting with my clients. After work, <u>⑤ 나는 가끔 술 마시는 것을 즐긴다</u> with my colleagues and have fun. But <u>⑥ 나는 보통 곧장 집에 간다 (곧장: straight)</u> and rest. My sister always waits to have dinner with me.

ANSWER

① sometimes I get up late
② around 8 o'clock
③ I rarely take a taxi
④ I enjoy chatting with them
⑤ I sometimes enjoy drinking
⑥ I usually go straight home

MY OPIc ANSWER

앞에서 만들어 보았던 나만의 Idea Map과 오늘의 OPIc 모범 답변을 참고하여 하루 일과를 설명하는 나만의 OPIc 답변을 만들어 봅시다.

일어나서 하는 일

On weekdays, I usually get up at 7 o'clock and eat breakfast with my family. But sometimes I have to skip breakfast and rush to my office.

나는 평일에 주로 7시에 일어나서 가족들과 함께 아침 식사를 합니다. 하지만 때로는 아침 식사를 거르고 사무실에 서둘러 가야 하기도 하죠.

My Answer

집 나서기

I leave my house around 8 o'clock. I usually use the subway and rarely take a taxi. On the way to my office, I often read books.

나는 8시경에 집을 나섭니다. 주로 지하철을 이용하고 택시는 거의 타지 않아요. 사무실로 가는 길에는 종종 책을 읽습니다.

My Answer

오전 일과

I get to my office around 8:30, and check my emails until 9.

8시 30분쯤 사무실에 도착해서, 9시까지 이메일을 확인합니다.

My Answer

점심 시간

I almost always have lunch with my colleagues, and we enjoy talking together over lunch.

나는 거의 항상 동료들과 함께 점심 식사를 하고, 우리는 점심을 먹으면서 함께 이야기하는 것을 즐깁니다.

My Answer

오후 일과

After lunch, I often have a meeting and do some paperwork.

점심 식사 후에는 종종 회의를 하거나 서류 작업을 합니다.

My Answer

일과를 마친 후

Sometimes I get together with my colleagues and have fun at night, but I usually go back home right after I call it a day. My dog always waits for me to come back and I spend some time with my dog until I get to sleep around 12.

가끔 밤에 동료들과 다같이 만나서 놀기도 하지만, 하루 일과를 마치고 나면 보통은 바로 집으로 돌아갑니다. 나의 강아지는 내가 집에 돌아오기를 항상 기다리고 있는데 12시쯤 잠이 들 때까지 강아지와 함께 시간을 보냅니다.

My Answer

10

시골에서 있었던 일

GRAMMAR POINTS

1 | 변화를 나타내는 get p.p.

2 | 상대적인 위치를 나타내는 전치사구

3 | 감정의 원인을 나타내는 to부정사

Power OPIc

시골 관련 문제는 돌발문제로 출제되거나, 국내 여행이나 국내 출장 경험과 관련해서 콤보 형식으로 출제될 수도 있습니다. 시골과 도시의 비교, 시골 풍경 묘사, 농부가 하는 일 설명 등 우리말로도 답변하기 쉽지 않은 내용이 많기 때문에 미리 답변을 준비해 둘 필요가 있습니다. 10장에서는 시골에서 있었던 일을 다루어 보겠습니다. 짜임새 있는 답변이 되려면 흥미로운 사건을 하나 정해 놓고 시간 순서대로 설명하면서, 감상이나 느낌을 말하는 것으로 마무리하는 것이 좋습니다.

IDEA MAP

시골에서 있었던 일을 설명할 때는 어떤 내용이 들어가야 할까요? 오늘의 OPIc 문제에 대한 Idea Map을 확인한 후, 나만의 Idea Map을 만들어 봅시다.

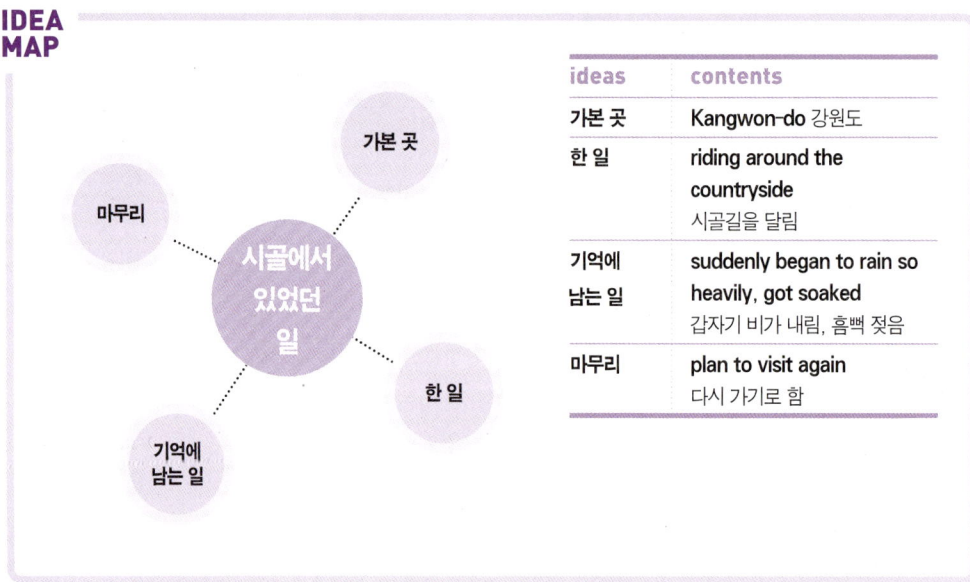

IDEA MAP

ideas	contents
가본 곳	Kangwon-do 강원도
한 일	riding around the countryside 시골길을 달림
기억에 남는 일	suddenly began to rain so heavily, got soaked 갑자기 비가 내림, 흠뻑 젖음
마무리	plan to visit again 다시 가기로 함

MY IDEA MAP

ideas	contents

TODAY'S OPIc

OPIc 문제와 모범 답변으로 오늘 배울 문법을 확인하세요.

 Can you tell me about a memorable event that happened while you were visiting the countryside in your country? Where did you go to and why was that visit so memorable? Tell me all the details.

시골에 방문했을 때 일어났던 기억에 남는 일에 대해 말해 주시겠습니까? 어디에 갔었고, 왜 그렇게 인상적이었나요? 자세히 말해주세요.

MODEL ANSWER

One time I went on a motorcycle ride with a group of my friends to 가본 곳 Kangwon-do. All of us **got excited to get out of the city** and **take a ride** into the countryside in such nice weather. 한 일 We spent the whole afternoon riding around the countryside, **next to** lakes and rivers, and up some mountains as well. But, 기억에 남는 일 suddenly it began to rain so heavily that we **got soaked** while riding! We **got disappointed to have to come back** to Seoul that early. 마무리 So we plan to go riding there again sooner or later.

Words & Expressions

go on a ~ ride ~를 타고 가다
such 그토록
a group of 한 무리의
suddenly 갑자기
　=on a sudden
heavily 많이
soak 적시다
disappoint ~을 실망시키다
heavily 많이
that 그토록, 그렇게
sooner or later 조만간

한번은 내 친구들 여러 명과 함께 강원도로 오토바이를 타러 갔습니다. 우리 모두는 그렇게 좋은 날씨에 도시를 벗어나 시골로 오토바이를 타러 갈 수 있어서 정말 신이 났었죠. 우리는 오후 내내 호수와 강 옆에 있는 시골길을 따라 달리고 산도 타고 올라가면서 시간을 보냈습니다. 하지만 갑자기 비가 너무 심하게 내리기 시작해서 우리는 오토바이를 타는 동안 흠뻑 젖고 말았어요! 우리는 그렇게 일찍 서울로 돌아와야 해서 실망했죠. 그래서 조만간 다시 그곳으로 오토바이를 타러 가려고 계획하고 있습니다.

GRAMMAR IN OPIc

1 변화를 나타내는 수동태 get p.p.

시골에서 겪은 감정이나 상태 변화를 get p.p.로 표현했습니다.

- All of us **got excited** to get out of the city.
- It suddenly began to rain so heavily that we **got soaked** while riding!
- We **got disappointed** to have to come back to Seoul that early.

2 다양한 전치사구를 사용하여 한 지점을 중심으로 상대적인 사물의 위치를 설명했습니다.

- We spent the whole afternoon riding around the countryside, **next to** lakes and rivers, and up some mountains as well.

3 감정의 원인을 나타내는 to부정사를 사용하여 시골에서 느낀 다양한 감정을 묘사했습니다.

- All of us got excited **to get out of the city** and **take a ride** into the countryside in such nice weather.
- We got disappointed **to have to come back** to Seoul that early.

Power Grammar

1. 변화를 나타내는 get p.p

동사 get은 과거분사와 함께 쓰여 상태나 감정의 변화를 나타냅니다. 수동의 의미가 있다는 점에서는 앞서 공부한 수동태 be p.p.와 같지만, get을 사용하면 '이전에는 그렇지 않았는데 지금은 이렇게 변화되었다'는 의미가 더 강하게 전달됩니다.

Everything got soaked after the heavy rain.
폭우가 쏟아지고 나서 모든 것이 흠뻑 젖었습니다. (이전까지는 젖어 있지 않았으나 비가 온 후 상태 변화)

2. 상대적인 위치를 나타내는 전치사구

전치사 on, in, at 등으로도 사물의 위치를 나타낼 수 있지만, 다음의 전치사구를 사용하면 다른 사물을 기준으로 그 사물과의 거리 및 위치를 표시해 공간감을 나타낼 수 있습니다.

close to	~근처에, ~의 가까이에	in front of	~의 앞에
next to	~ 옆에	at the back of	~의 뒤에
across from	~ 건너편에	on the opposite side of on the same side of	~의 반대편에 ~와 같은 편에

She found a fancy restaurant across from the station.
그녀는 역 건너편에 있는 근사한 레스토랑을 발견했습니다.

There's a train station close to my place.
우리 집 가까이에 기차역이 있습니다.

> **UPGRADE TIP**
>
> **한정된 공간 내의 위치를 나타낼 때**
>
> | in the middle of | ~의 한가운데에 |
> |---|---|
> | in the corner of | ~의 구석에, 코너에 |
> | at the top of | ~의 꼭대기에 |
> | at the bottom of | ~의 바닥에 |

3. 감정의 원인을 나타내는 to부정사

앞서 공부한 명사적 용법과 형용사적 용법 외에도, to부정사는 sad, sorry, happy, excited, shocked, glad 등 감정을 나타내는 형용사와 함께 쓰여 감정의 원인을 설명하는 부사 역할을 합니다. 이를 to부정사의 부사적 용법이라고 합니다.

I was happy to see my old friends.
옛 친구들을 볼 수 있어서 참 기뻤습니다. (기쁨의 원인: to see my old friends)

We felt sorry to say goodbye.
우리는 헤어지게 되어서 아쉬웠습니다. (아쉬움의 원인: to say goodbye)

> **UPGRADE TIP**
>
> to부정사는 어떤 판단을 내린 근거를 설명하는 부사로도 쓰일 수 있습니다. 역시 부사적 용법이며, 감정의 원인을 설명하는 경우와 혼동하기 쉬우므로 주의해야 합니다.
>
> **감정의 원인(~해서) : 감정 형용사+to부정사**
> EXAMPLE **He was surprised to hear the news.**
> 그는 그 소식을 듣고 놀랐습니다.
>
> **판단의 근거(~한 것을 보니, ~하다니) : 판단의 내용+to부정사**
> EXAMPLE **They must be foolish to believe the rumor.**
> 그런 소문을 믿는 것을 보니 그들은 어리석은 게 틀림없어.

LET'S PRACTICE

앞에서 배운 문법을 활용하여 영어로 문장을 만들어 봅시다.

■ 변화를 나타내는 수동태 get p.p.

1 나는 야구 경기의 결과를 보고 신이 났습니다.

2 공기가 더워져서 나는 잠을 잘 자지 못했습니다.

3 그는 매우 빨리 옷을 입었습니다.

■ 상대적인 위치를 나타내는 전치사구

1 나는 우리 아파트 가까이에서 아주 멋진 커피숍을 발견했습니다.

2 그녀는 부모님의 집 바로 옆에 살고 있습니다.

3 우리 아파트 건너편에 초등학교가 하나 있습니다.

■ 감정의 원인을 나타내는 to부정사

1 나는 내 얼굴에서 너무나 많은 주름을 보고 놀랐습니다.

2 우리는 다시 모이게 되어 매우 행복했습니다.

3 그녀는 진실을 알고 충격을 받았습니다.

ANSWER 변화를 나타내는 수동태 get p.p.

1. I got excited to see the results of the baseball game.
2. As the air got hot, I couldn't sleep well.
3. He got dressed very quickly.

상대적인 위치를 나타내는 전치사구

1. I found a very nice coffee shop close to my apartment.
2. She lives right next to her parents' house.
3. There's an elementary school across from my apartment.

감정의 원인을 나타내는 to부정사

1. I was surprised to see so many wrinkles on my face.
2. We were very happy to get together again.
3. She was shocked to know the truth.

Power Practice

1 Model Answer를 참고하여 아래의 빈칸을 알맞은 말로 채워 보세요.

> we got soaked / got disappointed to / to get out / got / next to

Last summer I went on a motorcycle ride with several friends to Kangwon-do. All of us us _____ pretty excited _____ of the city and take a ride into the countryside when the weather was so nice. We rode around the countryside during the whole afternoon, _____ lakes and rivers, and up some mountains as well. But, suddenly it began to rain so heavily that _____ while riding! We _____ have to come back to Seoul earlier than scheduled. So we decided to go riding there again sooner or later.

ANSWER

Last summer I went on a motorcycle ride with several friends to Kangwon-do. All of us got pretty excited to get out of the city and take a ride into the countryside when the weather was so nice. We rode around the countryside during the whole afternoon, next to lakes and rivers, and up some mountains as well. But, suddenly it began to rain so heavily that we got soaked while riding! We got disappointed to have to come back to Seoul earlier than scheduled. So we decided to go riding there again sooner or later.

2 빈칸에 주어진 우리말에 해당하는 알맞은 영어 표현을 넣어 보세요.

Last summer, I went to Yangsoo-ri with some friends. When we got there, ①우리 모두는 그 멋진 풍경을 보고 놀랐다_____.
②호수 가까이에 괜찮은 식당이 있었다_____, and we took a walk around the lake. The weather seemed pretty good, but suddenly it began to rain cats and dogs! ③우리는 온통 젖었다_____. We rushed to the restaurant and sat around the table to have a meal. Even though we couldn't have fun for very long, it was great to get out of Seoul for a while.

> **ANSWER**
> ① all of us were surprised to see the wonderful view
> ② There was a nice restaurant close to the lake
> ③ We got soaked all over

MY OPIc ANSWER

앞에서 만들어 보았던 나만의 Idea Map과 오늘의 OPIc 모범 답변을 참고하여 시골에서 있었던 일을 묘사하는 나만의 OPIc 답변을 만들어 봅시다.

가본 곳

One time I went on a motorcycle ride with a group of my friends to Kangwon-do.

한번은 내 친구들 여러 명과 함께 강원도로 오토바이를 타러 갔습니다.

My Answer

한 일

All of us got excited to get out of the city and take a ride into the countryside in such nice weather. We spent the whole afternoon riding around the countryside, next to lakes and rivers, and up some mountains as well.

우리 모두는 그렇게 좋은 날씨에 도시를 벗어나 시골로 오토바이를 타러 갈 수 있어서 정말 신이 났었죠. 우리는 오후 내내 호수와 강 옆에 있는 시골길을 따라 달리고 산도 타고 올라가면서 시간을 보냈습니다.

My Answer

기억에 남는 일

But, it suddenly began to rain so heavily that we got soaked while riding! We got disappointed to have to come back to Seoul that early.

하지만 갑자기 비가 너무 심하게 내리기 시작해서 우리는 오토바이를 타는 동안 흠뻑 젖고 말았어요. 우리는 그렇게 일찍 서울로 돌아와야 해서 실망했죠.

My Answer

마무리 So we plan to go riding there again sooner or later.

그래서 조만간 다시 그곳으로 오토바이를 타러 가려고 계획하고 있습니다.

My Answer

11

옷차림

1 | 현재완료진행형 have been ~ing

2 | 부정대명사 one

3 | 비교를 나타내는 prefer A to B

Power OPIc

Background Survey에는 옷차림에 대한 문항이 없지만, 돌발 질문 및 여러 가지 주제가 복합적으로 출제되는 New OPIc의 경향에 비추어 보면 옷차림에 대한 답변은 다양하게 준비해 둘 필요가 있습니다. 지금 입고 있는 옷차림을 묘사하라거나, 즐겨 하는 운동과 관련하여 운동할 때 어떤 옷을 입는지, 특정 상황(회의 및 파티)에서 어떤 옷차림을 하는지 등 여러 가지 예상 질문을 만들어 보고 답변을 미리 준비하면 OPIc 시험장에서 당황하는 일은 없을 것입니다.

IDEA MAP

자신의 패션을 설명할 때는 어떤 내용이 들어가야 할까요? 오늘의 OPIc 문제에 대한 Idea Map을 확인한 후, 나만의 Idea Map을 만들어 봅시다.

IDEA MAP

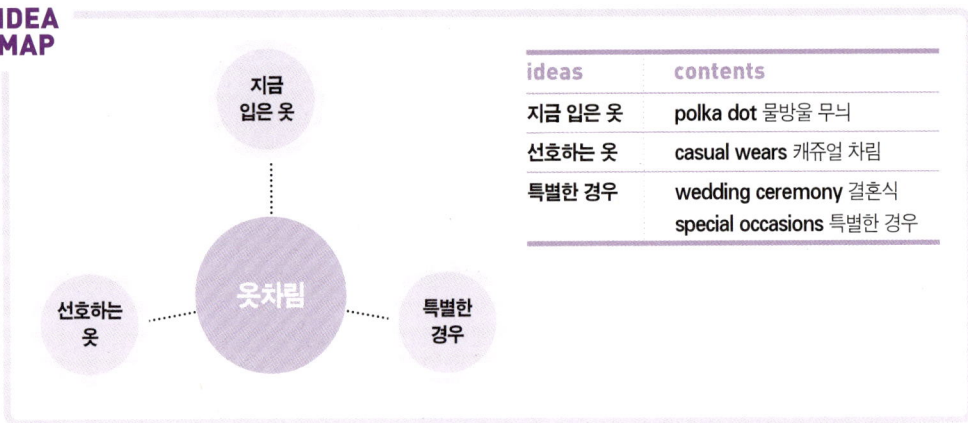

ideas	contents
지금 입은 옷	polka dot 물방울 무늬
선호하는 옷	casual wears 캐쥬얼 차림
특별한 경우	wedding ceremony 결혼식 special occasions 특별한 경우

MY IDEA MAP

ideas	contents

TODAY'S OPIc

OPIc 문제와 모범 답변으로 오늘 배울 문법을 확인하세요.

 Describe what you're wearing today. Tell me what kinds of clothes you usually wear and what your favorite fashion style is.

당신이 오늘 무엇을 입고 있는지 묘사하세요. 주로 입는 옷이 무엇인지, 좋아하는 패션 스타일은 무엇인지 말해 주세요.

MODEL ANSWER

[지금 입은 옷] Today I'm wearing a white polka dot shirt, blue jeans and a black jacket. **I've been wearing** these jeans for more than 5 years and these are my most favorite **ones**. [선호하는 옷] I **prefer** casual wears **to** formal suits. People tell me that I look good in suits, too, but I prefer wearing jeans, T-shirts, or something like that because suits make me feel less comfortable and look strict. [특별한 경우] For special occasions such as a wedding ceremony or an interview, of course, I choose a tidy dress or a suit to wear. But mostly, casual wear is my favorite.

Words & Expressions

polka dot 물방울 무늬
favorite 아주 좋아하는
formal suit 정장
look good in ~이 어울리다
less comfortable 덜 편안한
strict 엄격한
special occasions 특별한 경우
tidy 단정한
wedding ceremony 결혼식
mostly 주로

나는 오늘 흰색 물방울 무늬 셔츠, 청바지, 검은색 재킷을 입고 있습니다. 이 청바지를 5년이 넘게 입었고, 가장 좋아하는 옷이기도 하죠. 나는 정장보다 캐주얼 차림을 더 좋아해요. 사람들은 내가 정장도 잘 어울린다고 하지만, 정장은 불편하고 엄격해 보이기 때문에 청바지와 티셔츠 같은 것들을 입는 게 더 좋습니다. 물론 결혼식이나 면접 같은 특별한 경우에는 단정한 드레스나 정장을 선택하고요. 하지만 대체로 캐주얼 차림이 제일 좋아요.

GRAMMAR IN OPIc

OPIc 모범 답변에 사용된 주요 문법을 문장을 통해 다시 한 번 확인하세요.

1 현재완료진행형 have been ~ing로 어떤 행동이나 상태가 과거부터 현재까지 지속되고 있음을 나타냈습니다.

- I**'ve been wearing** these jeans for more than 5 years.

2 부정대명사 one을 사용해서 앞에 이미 나온 명사를 다시 한 번 언급했습니다.

- These are my most favorite **ones**.

3 동사 prefer를 사용하여 두 가지 옷 중에서 어떤 옷을 더 좋아하는지 선호도를 표현했습니다.

- I **prefer** casual wears **to** formal suits.

NOTE

무늬를 나타내는 표현들

• flower-printed, floral	꽃무늬
• striped	줄무늬
• polka dots, spotted	땡땡이 무늬
• a character pattern	문자 무늬
• checked, cross stripes	체크무늬
• plaid	격자무늬
• solid, plain	민무늬
• paisley	페이즐리 무늬, 곡옥모양의 무늬
• hound's-tooth	하운드투스체크, 개이빨 모양의 격자무늬
• pinstripes	가는 세로줄무늬
• diamond	마름모꼴 (* diaper 마름모무늬 수건, 냅킨)

Power Grammar

1 현재완료진행형 have been ~ing

현재완료진행형은 have been ~ing 형태로 과거부터 현재까지 그래왔고 지금도 그렇게 하고 있는 중임을 나타내는 시제입니다. 과거부터 현재까지 계속되는 상황이나 행동을 나타내는 현재완료와 지금 실행 중임을 나타내는 현재진행형을 합친 것으로 이해하면 쉽습니다.

I**'ve been teaching** English since 2006.
나는 2006년 이래로 영어를 계속 가르쳐 왔습니다.

> **UPGRADE TIP**
> **현재완료시제와 현재완료진행형**
> 계속적 의미를 나타내는 현재완료와 현재완료진행형의 차이는 그리 크지 않습니다. 하지만, '과거의 어느 시점부터 지금까지 상태나 행동이 계속되고 있으며, 지금도 그렇게 하고 있다'는 느낌을 더 강하게 주는 시제가 바로 현재완료진행형입니다. 다시 말해, 현재성이 더욱 강하게 느껴진다고 할 수 있겠습니다.

2 부정대명사 one

불특정한 것을 나타내는 부정대명사 one은 앞에서 언급한 셀 수 있는 명사의 반복을 피하기 위해서 사용합니다. I am wearing jeans and they are my favorite jeans(나는 청바지를 입고 있는데 그 바지는 내가 좋아하는 청바지입니다)라고 jeans를 반복해서 쓰기보다는 I am wearing jeans and they are my favorite ones가 더 간결하죠. 덧붙여, 이 문장에서 jeans가 복수형이므로 one의 복수형인 ones로 받았다는 점도 유의해야 합니다.

Nancy bought a new dress, but she found out that she already has the same **one**. (one=a dress)
낸시는 새로운 원피스를 샀는데, 이미 같은 옷을 갖고 있다는 걸 알게 됐습니다.

3 비교를 나타내는 prefer A to B

동사 prefer(~를 더 좋아하다)를 사용해서 두 가지 중에서 어떤 것을 더 좋아한다고 표현할 수 있습니다. Prefer는 기본적으로 prefer A to B(B보다 A를 더 좋아하다) 형태로 사용하며, 목적어가 명사, 동명사, to부정사일 때 비교 형태가 달라집니다.

목적어의 종류	형태	예문
명사	prefer A to B	I prefer movies to books. 나는 책보다 영화를 더 좋아합니다.
동명사		I prefer watching TV to reading. 나는 독서보다 TV 시청을 더 좋아합니다.
to부정사	prefer to V rather than (to) V	I prefer to watch TV rather than (to) read. 나는 독서보다 TV 시청을 더 좋아합니다.

LET'S PRACTICE

앞에서 배운 문법을 활용하여 영어로 문장을 만들어 봅시다.

■ 현재완료진행형 have been ~ing

1 Tom은 대학생 때부터 계속 중국어를 배우고 있습니다.

2 그들은 5개월 동안 춤 연습을 하고 있습니다.

3 Harry는 여행작가로 재미있는 것들을 많이 경험하고 있습니다.

■ 부정대명사 one

1 나는 두 마리의 개가 있는데, 큰 쪽보다는 작은 쪽을 더 좋아합니다.

2 아버지는 바지가 여러 벌 있는데 초록색 바지들을 가장 좋아하십니다. (most favorite)

3 우리 동네에는 태국 식당이 세 곳 있는데, 이곳이 가장 좋은 식당입니다.

■ 비교를 나타내는 prefer A to B

1 나는 음악을 듣는 것보다는 독서를 더 좋아합니다.

2 내 여동생은 청소보다는 설거지를 더 좋아합니다.

3 Jane은 따뜻한 날씨보다 추운 날씨를 더 좋아합니다.

ANSWER 현재완료진행형 have been ~ing

1. Tom has been learning Chinese since he was a college student.
2. They have been practicing dancing for 5 months.
3. Harry has been experiencing a lot of interesting things as a travel writer.

부정대명사 one

1. I have two dogs in my house and I love the smaller one more than the bigger one.
2. My father has several pairs of pants and the green ones are his favorite.
3. There are three Thai restaurants in my neighborhood and this is the best one.

비교를 나타내는 prefer A to B

1. I prefer reading to listening to music.
   = I prefer to read rather than (to) listen to music.
2. My sister prefers doing the dishes to cleaning.
   = My sister prefers to do the dishes rather than (to) clean.
3. Jane prefers cold weather to sunny weather.

Power Practice

1 Model Answer를 참고하여 아래의 빈칸을 알맞은 말로 채워 보세요.

> I prefer business suits / I've been wearing / For special occasions / I've been working / looks like a new one

Today I'm wearing a white striped shirt and a black business suit. _____ as a marketing manager for more than 10 years now, so I'm used to wearing a suit. _____ this black suit for about 3 years, but it still _____. People tell me that I look younger in casual clothes, but I don't want to look younger than my age. That's one of the reasons why _____ to casual clothes. _____ such as an outdoor picnic or a drink with my friends, of course, I choose a T-shirt and jeans to wear. But mostly, suits are my favorite.

ANSWER

Today I'm wearing a white striped shirt and a black business suit. I've been working as a marketing manager for more than 10 years now, so I'm used to wearing a suit. I've been wearing this black suit for about 3 years, but it still looks like a new one. People tell me that I look younger in casual clothes, but I don't want to look younger than my age. That's one of the reasons why I prefer business suits to casual clothes. For special occasions such as an outdoor picnic or a drink with my friends, of course, I choose a T-shirt and jeans to wear. But mostly, suits are my favorite.

2 빈칸에 주어진 우리말에 해당하는 알맞은 영어 표현을 넣어 보세요.

Let me describe what I'm wearing today. I'm wearing a blue striped shirt, a black skirt and a grey cardigan. ① 나는 이 치마를 약 10년 정도 계속 입어 왔다 because I love the color and the fabric of the skirt. That's why this is my ② 가장 좋아하는 것 . Usually I ③ 바지보다 치마를 더 좋아한다 . People say that I also look good in pants, too, but I ④ 바지 입는 것보다 치마 입는 것을 선호한다 . Skirts or dresses make me feel more feminine and beautiful. And I feel less hot in a skirt in summer. But for special occasions such as a picnic or a sports game, of course, I choose comfortable pants or jeans to wear. But most of all, I love to wear skirts or dresses.

ANSWER

① I've been wearing this skirt for about 10 years
② favorite one
③ prefer skirts to pants
④ prefer wearing skirts to wearing pants

MY OPIc ANSWER

앞에서 만들어 보았던 나만의 Idea Map과 오늘의 OPIc 모범 답변을 참고하여 나의 패션을 설명하는 나만의 OPIc 답변을 만들어 봅시다.

지금 입은 옷

Today I'm wearing a white polka dot shirt, blue jeans and a black jacket. I've been wearing these jeans for more than 5 years and these are my most favorite ones.

나는 오늘 흰색 물방울 무늬 셔츠, 청바지, 검은색 재킷을 입고 있습니다. 이 청바지를 5년이 넘게 입었고, 가장 좋아하는 옷이기도 하죠.

My Answer

선호하는 옷

I prefer casual wears to formal suits. People tell me that I look good in suits, too, but I prefer wearing jeans, T-shirts, or something like that because suits make me feel less comfortable and look strict.

나는 정장보다 캐주얼 차림을 더 좋아해요. 사람들은 내가 정장도 잘 어울린다고 하지만, 정장은 불편하고 엄격해 보이기 때문에 청바지와 티셔츠 같은 것들을 입는 게 더 좋습니다.

My Answer

특별한 경우

For special occasions such as a wedding ceremony or an interview, of course, I choose a tidy dress or a suit to wear. But mostly, casual wear is my favorite.

물론 결혼식이나 면접 같은 특별한 경우에는 단정한 드레스나 정장을 선택하고요. 하지만 대체로 캐주얼 차림이 제일 좋아요.

My Answer

12

해외 출장

GRAMMAR POINTS

1 | 복합관계대명사 what

2 | 간접의문문

3 | 용도를 나타내는 for ~ing / 명사

Power OPIc

Background Survey에서 국내나 해외로 출장을 다녀본 적이 있다고 대답한 경우에는 출장과 관련된 질문을 받을 가능성이 아주 높습니다. 출장도 여행처럼 다양한 질문들이 콤보로 출제될 수 있기 때문에 여러 가지 예상 질문에 대한 답변을 준비해 두어야 합니다. 출장을 간 곳, 출장지에서 한 일, 출장지에서 있었던 기억에 남는 일도 물을 수 있고, 출장에 무엇을 가져가야 하는지 조언해 달라는 롤플레이 문제가 출제될 수도 있습니다. 12장에서는 출장 갈 때 무엇을 챙겨야 하는지에 대해 공부해 보겠습니다.

IDEA MAP

출장시 어떤 물건을 가져가야 할지 얘기하려면 어떤 내용이 들어가야 할까요? 오늘의 OPIc 문제에 대한 Idea Map을 확인한 후, 나만의 Idea Map을 만들어 봅시다.

IDEA MAP

해외 출장
- 가져갈 물건 선정 기준
- 가져갈 것

ideas	contents
가져갈 물건 선정 기준	period, free time 기간, 자유시간
가져갈 것	clothes, camera, wallet, cards, toiletries, passport 옷, 카메라, 지갑, 카드, 욕실용품, 여권

MY IDEA MAP

ideas	contents

TODAY'S OPIc

OPIc 문제와 모범 답변으로 오늘 배울 문법을 확인하세요.

Q **You indicated in the survey that you take business trips to other countries. If you are going on an international business trip tomorrow, what will you pack in your suitcase?**

설문에서 다른 나라로 출장을 다닌다고 하셨습니다. 만약 내일 해외 출장을 간다면 여행 가방에 무엇을 넣을 것인가요?

MODEL ANSWER

If I have to leave tomorrow on a business trip, [가져갈 물건 선정 기준] I guess **what I'll pack** may depend a lot on **how long the trip is going to be**. Also, it may depend on **how much free time I have on the trip**. Business trips don't usually allow for much free time, so probably [가져갈 것] I'll have to bring clothes **for business meetings and for socializing**. I'll also be sure to bring my camera; you never know **when you will see something interesting** when you are abroad! Other than that, I'll probably bring the usual things; wallet, cards, toiletries, and of course my passport!

Words & Expressions
- **business trip** 출장
- **pack** (짐 등을) 싸다, 꾸리다, 넣다
- **depend on ~** ~에 달려 있다, ~에 따라 다르다
- **allow for** 허락하다, 허용하다
- **free time** 여가시간, 자유시간
- **meeting** 회의
- **socializing** 사교 활동
- **other than that** 그 외 다른 것으로는
- **toiletries** 욕실용품
- **passport** 여권

내가 내일 출장을 떠나야 한다면 무엇을 챙길지는 그 출장이 얼마나 길어지느냐에 따라 다를 것 같습니다. 또한 내가 출장 동안 자유시간을 얼마나 갖게 될 것인가에 따라서도 달라지겠죠. 보통 출장 동안에는 자유시간이 많지 않아서 아마 나는 비즈니스 회의 혹은 사교 활동에 필요한 옷들만 가져가야 할 겁니다. 또한 사진기도 반드시 챙겨갈 건데요, 외국에 있을 때는 언제 재미있는 것들을 보게 될지 알 수가 없으니까요! 그 외에는 아마 평소에 쓰는 물건들을 가져갈 것 같습니다. 지갑이라거나, 카드, 욕실용품, 그리고 물론 여권도 말이죠.

GRAMMAR IN OPIc

OPIc 모범 답변에 사용된 주요 문법을 문장을 통해 다시 한 번 확인하세요.

1 복합관계대명사 what을 사용하여 '~하는 것'이라는 의미의 명사절을 만들어 주어나 목적어 자리에 쓸 수 있습니다. 모범 답변에서는 '내가 챙겨갈 것'이라는 말을 복합관계대명사를 사용하여 표현했습니다.

- **What I'll pack** may depend a lot on how long the trip is going to be.

2 '언제 ~할 것인지', '어떻게 ~할 것인지' 등 문장 속에서 간접적으로 의문을 표시할 때 의문사+주어+동사 형태로 간접의문문을 사용했습니다.

- What I'll pack may depend a lot on **how long the trip is going to be**.
- It may depend on **how much free time I have on the trip**.
- You never know **when you will see something interesting**.

3 용도를 나타내는 전치사 for를 사용하여 '무엇을 하는 데 어떤 것이 필요하다'는 의미를 나타냈습니다.

- I'll have to bring clothes **for business meetings and for socializing**.

Power Grammar

1 복합관계대명사 what

복합관계대명사 what은 '~하는 것'이라는 의미로, 선행사 the thing과 관계대명사 which 또는 that이 결합한 것이라고 보면 됩니다. 따라서 따로 선행사를 취하지 않습니다.

Miss Hampton forgot **what she heard** at the party yesterday.
= Miss Hampton forgot **the thing that she heard** at the party yesterday.

Hampton 양은 그녀가 어제 파티에서 들은 것을 잊어버렸습니다.

> **NOTE**
>
> **성격, 인격을 나타내는 what**
>
> 복합관계대명사 what이 사람의 인격, 성격을 나타낼 수도 있습니다.
>
> **EXAMPLE** I don't know **what he is**. 나는 그가 어떤 사람인지 모른다.

2 간접의문문

(1) 간접의문문의 어순

간접의문문의 어순은 '의문사+주어+동사'이며, 평서문 속에서 의문사항을 간접적으로 표현할 때 씁니다

I have no idea. + How long is it going to last?

→ I have no idea how long **is it going to** last. (X)
→ I have no idea how long **it is going to** last. (O)

나는 그것이 얼마나 오래 지속될 지 모른다.

(2) 간접의문문의 주어 및 시제 일치

간접의문문의 주어의 형태와 동사의 시제는 전체 문장의 내용을 고려해서 결정되므로 꼼꼼하게 의미를 생각해 보아야 합니다.

직접의문문: She asked me, "What are you going to wear for the meeting?"

간접의문문: She asked me what ① **I** ② **was going to wear** for the meeting.

① 직접의문문에서는 you였지만 간접의문문에서는 '내가 무엇을 입을 것인지' 질문한 것이므로 I가 됩니다.

② 직접의문문은 말한 내용을 바로 전달하기 때문에 현재시제를 사용했으나, 간접의문문에서는 그녀가 질문한 시점이 과거이므로, 내가 무엇을 입을 것인지도 과거의 일이 됩니다.

> **SPEAKING POINT**
>
> 영어로 간접의문문처럼 복잡한 문장을 유창하게 말할 수 있다면 OPIc 고득점에 매우 유리할 것입니다. 그러나 많은 사람들이 He didn't tell me what time does the plane leave(그가 비행기가 언제 떠나는지 말을 안 해줬어)와 같이 간접의문문 대신 직접의문문을 말하는 오류를 자주 범합니다. 이는 연습량이 부족하기 때문이므로, 의식적으로 He didn't tell me what time the plane leaves처럼 간접의문문을 적절히 사용하는 연습을 꾸준히 해야 합니다.

3 용도를 나타내는 for ~ing / 명사

for는 용도, 목적을 나타내는 전치사로 뒤에 명사나 동명사가 옵니다. '~하는 데', '~에 사용할' 또는 '~하기 위해'와 같이 해석합니다.

I need my glasses for driving.
나는 운전하는 데 안경이 필요합니다.

Ryan bought some wax for waxing his skis.
Ryan은 자신의 스키를 닦을 왁스를 샀습니다.

LET'S PRACTICE

앞에서 배운 문법을 활용하여 영어로 문장을 만들어 봅시다.

■ 복합관계대명사 what

1 내 인생에서 중요한 것은 가능한 한 많은 것들을 경험하는 것입니다.

2 가끔씩 나는 끝내야 할 일을 하느라고 자정 넘어(after midnight) 잠자리에 듭니다.

3 그는 자신이 즐길 수 있는 일을 하고 있어요.

■ 간접의문문

1 그는 내가 왜 그 이메일을 다시 써야 하는지 말해주지 않았습니다. (rewrite)

2 키 큰 남자가 나에게 가장 가까운 은행이 어디에 있는지 물었습니다.

3 의사가 등이 일주일 이상 아팠는지 나에게 물었습니다. (backache)

■ 용도를 나타내는 'for ~ing / 명사'

1 미스터 홍은 나의 할아버지에게 좋은 건강을 위한 10가지 방법을 말씀해주셨습니다.

2 그 연장이 나무를 자르는 데 쓰는 것이라는 걸 아무도 몰랐습니다.

3. 우리는 물을 끓일 주전자가 하나 필요했습니다. (a kettle)

ANSWER 복합관계대명사 what

1. What is important in my life is to experience as many things as possible.
2. Sometimes I go to bed after midnight to work on what I have to finish.
3. He is doing what he can enjoy.

간접의문문

1. He didn't tell me why I had to rewrite the e-mail.
2. A tall guy asked me where the nearest bank was.
3. The doctor asked me whether I had a backache for more than a week.

용도를 나타내는 'for ~ing/명사'

1. Mr. Hong told my grandfather 10 tips for good health.
2. Nobody knew that the tool was for cutting wood.
3. We needed a kettle for boiling water.

Power Practice

1 Model Answer를 참고하여 아래의 빈칸을 알맞은 말로 채워 보세요.

> for business meetings / what we will experience / how long the business trip is / for taking pictures / what I should pack

When I go on a business trip, _____ depends on how long the business trip is. Basically, I need business suits _____. And I also bring my camera _____. We never know _____ so we have to prepare for a surprise! I don't need a lot of time preparing for it. Since I have several business trips because of my work, I always remember depending on _____. First I choose a proper-sized travel bag depending on _____. And I put in clothes like business suits, shoes, comfortable shirts, pants and underwear. Then I also make sure to bring my camera to take pictures when I see something interesting while I'm on a trip. I also bring other items such as some books to read, cosmetics, toiletries, slippers, passport, credit cards and some cash.

ANSWER

When I go on a business trip, what I should pack depends on how long the business trip is. Basically, I need business suits for business meetings. And I also bring my camera for taking pictures. We never know what we will experience, so we have to prepare for a surprise! I don't need a lot of time preparing for it. Since I have several business trips because of my work, I always remember what I should pack. First I choose a proper-sized travel bag depending on how long the business trip is. And I put in clothes like business suits, shoes, comfortable shirts, pants and underwear. Then I also make sure to bring my camera to take pictures when I see something interesting while I'm on a trip. I also bring other items such as some books to read, cosmetics, toiletries, slippers, passport, credit cards and some cash.

2 빈칸에 주어진 우리말에 해당하는 알맞은 영어 표현을 넣어 보세요.

If I have to go on a business trip tomorrow, ①내가 챙길 것_____ may mostly depend on ②여행이 얼마나 길어지게 될지_____. And it may depend on ③내가 얼마나 많은 자유 시간을 갖게 될지_____ on the trip. Perhaps I will need business suits for the meetings and ④사교 활동을 위한 평상복_____. I'd also make sure to bring my camera or my smart phone; you never know ⑤무엇을 보게 될지_____ when you are on a trip!

ANSWER

① what I will pack
② how long the trip is going to be
③ how much free time I will have
④ casual clothing for socializing
⑤ what you'll see

MY OPIc ANSWER

앞에서 만들어 보았던 나만의 Idea Map과 오늘의 OPIc 모범 답변을 참고하여 출장을 갈 때 챙겨야 하는 물건을 설명하는 나만의 OPIc 답변을 만들어 봅시다.

가져갈 물건 선정 기준

If I had to leave tomorrow on a business trip, I guess what I'll pack may depend a lot on how long the trip is going to be. Also, it may depend on how much free time I have on the trip.

내가 내일 출장을 떠나야 한다면 무엇을 챙길지는 그 출장이 얼마나 길어지느냐에 따라 다를 것 같습니다. 또한 내가 출장 동안 자유시간을 얼마나 갖게 될 것인가에 따라서도 달라지겠죠.

My Answer

가져갈 것

Business trips don't usually allow for much free time, so probably I'll have to bring clothes for business meetings and for socializing. I'll also be sure to bring my camera; you never know when you will see something interesting when you are abroad! Other than that, I'll probably bring the usual things; wallet, cards, toiletries, and of course my passport.

보통 출장 동안에는 자유시간이 많지 않아서 아마 나는 회의 혹은 사교 활동에 필요한 옷들만 가져갈 것 같습니다. 또한 사진기도 반드시 챙겨갈 건데요, 외국에 있을 때는 언제 재미있는 것들을 보게 될지 알 수가 없으니까요! 그 외에는 아마 평소에 쓰는 물건들을 가져갈 것 같습니다. 지갑이라거나, 카드, 욕실 용품, 그리고 물론 여권도 말이죠.

My Answer

MEMO

13

이웃과 있었던 일

GRAMMAR POINTS

1 | 주격 관계대명사

2 | 목적격 관계대명사

3 | 원인과 수단을 나타내는 by

Power OPIc

3장에서 이웃을 묘사하는 OPIc 답변을 공부할 때, 이웃 관련 문제가 3단 콤보로 출제될 수 있으니 다양한 문제에 대비해야 한다고 설명드린 것을 기억하시죠? 13장에서 다룰 OPIc 문제는 현재 살고 있는 동네에서 이웃들 간에 있었던 일을 묻는 것으로, 이웃 관련 3단 콤보 문제를 준비하는 데 도움이 될 것입니다. 덧붙여, 이런 문제에 대한 답변은 사건들을 나열하기보다는, 서론에서는 어떠한 일이 있었는지 소개하고, 본론에서는 구체적으로 어떻게 전개되었는지, 그리고 결론에서는 전반적인 감상이나 느낌, 배운 점 등으로 마무리하는 것이 좋습니다. 이것이 바로 짜임새 있고 논리적인 답변을 할 수 있는 전략입니다.

IDEA MAP

이웃과 있었던 일에 대해 얘기할 때는 어떤 내용이 들어가야 할까요? 오늘의 OPIc 문제에 대한 Idea Map을 확인한 후, 나만의 Idea Map을 만들어 봅시다.

IDEA MAP

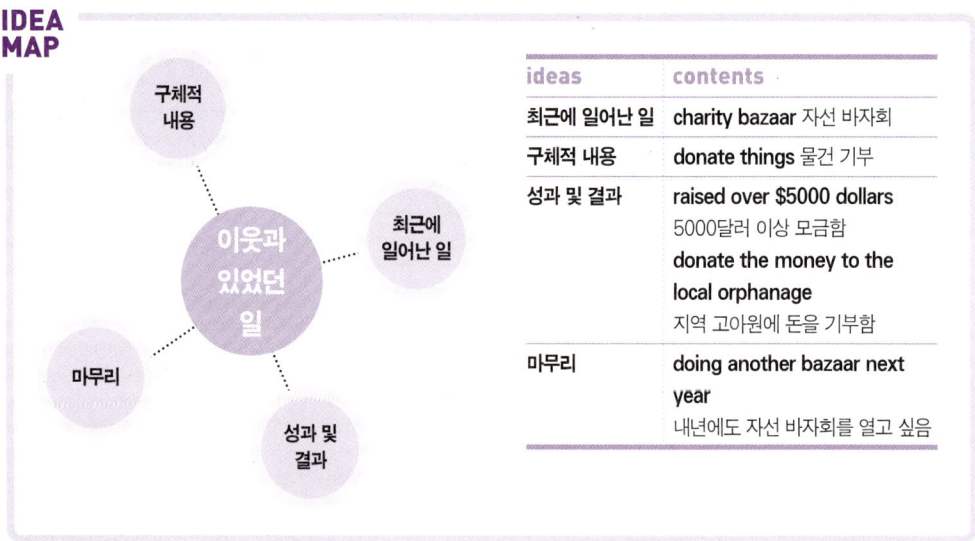

ideas	contents
최근에 일어난 일	charity bazaar 자선 바자회
구체적 내용	donate things 물건 기부
성과 및 결과	raised over $5000 dollars 5000달러 이상 모금함 donate the money to the local orphanage 지역 고아원에 돈을 기부함
마무리	doing another bazaar next year 내년에도 자선 바자회를 열고 싶음

MY IDEA MAP

ideas	contents

TODAY'S OPIc

OPIc 문제와 모범 답변으로 오늘 배울 문법을 확인하세요.

 Can you think of a memorable event that happened in your neighborhood since you have been living there? Tell me all about the things that happened.

지금 살고 있는 동네에서 있었던, 기억에 남을 만한 일을 하나 생각해 낼 수 있나요? 그 때 일어난 일에 대해서 말해 주세요.

MODEL ANSWER

One big thing **that** happened in my neighborhood last spring was `최근에 일어난 일` the charity bazaar **that** a bunch of us put on. `구체적 내용` We all donated things in our houses **that** we didn't need any more for a huge garage sale. And we donated the money **that** we raised **by selling** our things to the local orphanage. In all, `성과 및 결과` we raised over $5000 dollars for it! `마무리` It went so well that we are already talking about doing another one next year. I hope that we do!

Words & Expressions
charity bazaar 자선 바자회
a bunch of 많은
donate 기증하다
huge 거대한, 큰
garage sale 벼룩시장
orphanage 고아원
raise 모으다
go well 순조롭게 진행되다, 잘 되다
so ~ that … 너무 ~해서 … 하다

지난 봄에 우리 동네에서 있었던 큰 일 하나는, 많은 사람들이 참여했던 자선 바자회였어요. 우리는 모두 집에서 더 이상 필요하지 않은 물건들을 큰 벼룩시장에 기부했습니다. 그리고 그 물건들을 팔아서 모은 돈을 지역 고아원에 기부했죠. 우리는 다 합쳐서 5000달러가 넘는 돈을 모금했어요! 바자회가 너무 잘 됐기 때문에 우리는 벌써 내년에도 자선 바자회를 하자고 이야기하는 중입니다. 꼭 그렇게 할 수 있었으면 좋겠어요.

GRAMMAR IN OPIc

OPIc 모범 답변에 사용된 주요 문법을 문장을 통해 다시 한 번 확인하세요.

1 주격 관계대명사를 사용해서 바자회가 언제 열렸는지 설명했습니다.

- One big thing **that** happened in my neighborhood last spring was the charity bazaar.

2 목적격 관계대명사를 사용해서 사물의 특징을 구체적으로 설명했습니다.

- One big thing that happened in my neighborhood last spring was the charity bazaar **that** a bunch of us put on.
- We all donated things in our houses **that** we didn't need any more for a huge garage sale.
- We donated the money **that** we raised by selling our things to the local orphanage.

3 원인이나 수단을 나타내는 전치사 by를 사용하여 어떤 일을 했는지 설명했습니다.

- We donated the money that we raised **by selling** our things to the local orphanage.

> **NOTE**
>
> **be made의 용법**
> be made of : 물리적인 변화를 거쳐 눈으로 보아 재료가 무엇인지 알 수 있는 경우
> be made from : 원재료가 화학적인 변화나 복잡한 과정을 거쳐 원재료의 모양을 알 수 없는 경우

Power Grammar

1 주격 관계대명사

명사를 문장으로 수식할 때 명사와 문장을 이어주는 관계대명사가 필요하다는 것은 3장에서 이미 배웠습니다. 관계대명사가 수식하는 문장에서 어떤 역할을 하는지에 따라 주격인지 목적격인지 달라집니다. 주격일 경우, 선행사가 사람이면 who, 사물이면 that이나 which를 사용합니다.

The best thing was that I traveled Turkey. + **It(=the best thing)** happened last summer.

→ **The best thing** was that I traveled Turkey + **that** happened last summer.

　　　　　　　　　　　　　　　　　　　　　　　　　주어 위치

→ The best thing **that** happened last summer was that I traveled Turkey.

　　　　　　　　　주격 관계대명사

작년 여름에 있었던 최고의 일은 내가 터키를 여행했다는 것입니다.

2 목적격 관계대명사

관계대명사가 수식하는 문장에서 목적어 역할을 하면 목적격 관계대명사라고 합니다. 목적격 관계대명사는 생략할 수 있으며, 선행자가 사람인 경우 who(또는 whom), 사물인 경우에는 that이나 which를 사용합니다.

I put down **the book**. + I was reading **the book**.

→ I put down the book + I was reading **that (또는 which)**.

　　　　　　　　　　　　　　　　　　　　　목적어 위치

→ I put down the book **that (또는 which)** I was reading.

　　　　　　　　　　　　목적격 관계대명사

→ I put down the book I was reading. (목적격 관계대명사 생략)

나는 읽고 있던 책을 내려놓았습니다.

UPGRADE TIP

관계대명사의 주격/목적격 구분

관계대명사 that, which는 주격으로도 쓰이고 목적격으로도 쓰입니다. 같은 형태를 쓰기 때문에 관계대명사의 격을 구분하기 힘들어 하는 분들이 많은데요, 다음과 같이 간단히 구별할 수 있습니다.

목적격일 때

관계대명사 뒤에 바로 문장이 나오거나, 관계대명사가 생략되어 문장 중간에 갑자기 또 다른 문장이 나오는 것처럼 보임

EXAMPLE **They threw out all the furniture (that) they had bought long time ago.**

그들은 오래 전에 샀던 모든 가구를 모두 내다버렸습니다.
(-that이 가리키는 것은 all the furniture로, had bought의 목적어의 역할을 하는 것)

주격일 때

관계대명사 다음에 동사가 바로 나옴

EXAMPLE **I found a fancy restaurant that opened recently in my neighborhood.**

나는 최근에 우리 동네에 문을 연 멋진 식당을 발견했습니다.

3 원인과 수단을 나타내는 by

전치사 by 다음에 명사나 동명사를 써서 어떠한 현상의 원인이나, 특정한 일을 수행할 수 있는 수단 및 방법을 표현할 수 있습니다. '~함으로써' 혹은 '~해서'라고 해석합니다.

I wanted to make some extra money by working on the weekends.
나는 주말에 일을 해서 돈을 좀 더 벌고 싶었습니다. (수단)

Sometimes he upsets his girlfriend by forgetting about her birthday.
가끔씩 그는 여자 친구의 생일을 깜박해서 그녀를 화나게 합니다. (원인)

LET'S PRACTICE

앞에서 배운 문법을 활용하여 영어로 문장을 만들어 봅시다.

■ **주격 관계대명사**

1 그것은 지금 미국에서 아주 인기 있는 그 공상과학 영화야.

2 Ralph는 아름다운 목소리를 가진 여자친구가 있습니다.

3 우리는 환경에 해가 될 수 있는(environmentally harmful) 물건들은 사지 않으려고 노력해요.

■ **목적격 관계대명사**

1 가끔씩 Betty는 더 이상 입고 싶지 않은 낡은 옷과 구두들을 버립니다.

2 우리는 이미 읽은 책들을 같이 나눠 보기로 했어요. (share)

3 Cindy는 친구가 보내준 편지를 찾을 수가 없었습니다.

■ **원인과 수단을 나타내는 by**

1 우리는 캔과 병들을 재활용해 우리의 환경을 보호해야 합니다.

2 우리는 쇼핑 목록을 만들어 돈 낭비를 피할 수 있습니다.

3 그는 물건들을 다시 정리하고 어떤 것들은 버려서 자기 방을 깨끗하게 만들었습니다. (rearrange)

ANSWER 주격 관계대명사

1. It's the Sci-Fi movie that is very popular in the US now.
2. Ralph has a girlfriend who has a beautiful voice.
3. We try not to buy things that can be environmentally harmful.

목적격 관계대명사

1. Sometimes Betty throws out her old clothes and shoes that she doesn't like to wear any more.
2. We decided to share the books that we had already read.
3. Cindy couldn't find the letter that her friend sent to her.

원인과 수단을 나타내는 by

1. We should protect our environment by recycling cans and bottles.
2. We can avoid wasting money by making a shopping list.
3. He made his room clean by rearranging things and throwing out some items.

Power Practice

1 Model Answer를 참고하여 아래의 빈칸을 알맞은 말로 채워 보세요.

> **by serving the food / poor people who live in a small city / that was held in my apartment complex**

Last month, I attended a special lunch event _____. It was for _____. Some volunteers brought delicious chicken stew for them. I helped the volunteers _____. I hope I can have more opportunities to help people in need.

ANSWER

Last month, I attended a special lunch event that was held in my apartment complex. It was for poor people who live in a small city. Some volunteers brought delicious chicken stew for them. I helped the volunteers by serving the food. I hope I can have more opportunities to help people in need.

2 빈칸에 주어진 우리말에 해당하는 알맞은 영어 표현을 넣어 보세요.

Recently several events were held in my neighborhood and one of them was the charity bazaar ①많은 이웃들이 참가한(참석하다: attend)_____. People donated various things ②그들이 더 이상 사용하지 않는_____. We can donate a lot of money to the local orphanage ③그 물건들을 팔아서_____. In total we raised over 1 million won for it. The bazaar was a success and people really liked it.

ANSWER

① that(which) a lot of neighbors attended
② that(which) they don't use any more
③ by selling those things

MY OPIc ANSWER

앞에서 만들어 보았던 나만의 Idea Map과 오늘의 OPIc 모범 답변을 참고하여 이웃과 있었던 일을 설명하는 나만의 OPIc 답변을 만들어 봅시다.

최근에 일어난 일

One big thing that happened in my neighborhood last spring was the charity bazaar that a bunch of us put on.

지난 봄에 우리 동네에서 있었던 큰 일 하나는, 많은 사람들이 참여했던 자선 바자회였어요.

My Answer

구체적 내용

We all donated things in our houses that we didn't need any more for a huge garage sale.

우리는 모두 집에서 더 이상 필요하지 않은 물건들을 큰 벼룩시장에 기부했습니다.

My Answer

성과 및 결과

And we donated the money that we raised by selling our things to the local orphanage. In all, we raised over $5000 dollars for it!

그리고 그 물건들을 팔아서 모은 돈을 지역 고아원에 기부했죠. 우리는 다 합쳐서 5000달러가 넘는 돈을 모금했어요!

My Answer

마무리

It went so well that we are already talking about doing another one next year. I hope that we do.

바자회가 너무 잘 됐기 때문에 우리는 벌써 내년에도 자선 바자회를 하자고 이야기하는 중입니다. 꼭 그렇게 할 수 있었으면 좋겠어요.

My Answer

14

쇼핑

1 | the last time 주어+동사

2 | 이유를 나타내는 접속사 as

3 | 수량을 나타내는 a pair of

1 Power OPIc

돌발 질문의 비중이 높아진 New OPIc 출제 경향에 비추어 봤을 때, 여가 활동이나 좋아하는 운동 항목과 연결하여 그 여가나 운동을 즐기기 위해 무엇을 쇼핑하는지 물을 수 있습니다. 쇼핑을 간다면 주로 누구와 함께 어디로 가는지, 사는 것은 무엇인지에 대한 답변을 미리 정리해서 준비해 두세요. 최근의 쇼핑 경험에 대해서 설명한다면 쇼핑의 결과가 어떠했는지 덧붙이는 것도 좋은 방법입니다.

IDEA MAP

쇼핑에 대해 얘기할 때는 어떤 내용이 들어가야 할까요? 오늘의 OPIc 문제에 대한 Idea Map을 확인한 후, 나만의 Idea Map을 만들어 봅시다.

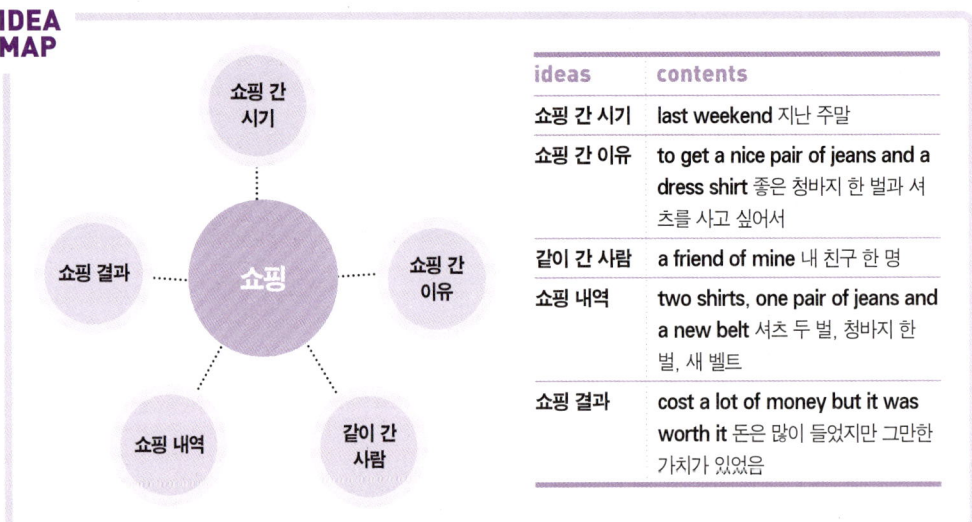

ideas	contents
쇼핑 간 시기	last weekend 지난 주말
쇼핑 간 이유	to get a nice pair of jeans and a dress shirt 좋은 청바지 한 벌과 셔츠를 사고 싶어서
같이 간 사람	a friend of mine 내 친구 한 명
쇼핑 내역	two shirts, one pair of jeans and a new belt 셔츠 두 벌, 청바지 한 벌, 새 벨트
쇼핑 결과	cost a lot of money but it was worth it 돈은 많이 들었지만 그만한 가치가 있었음

MY IDEA MAP

ideas	contents

TODAY'S OPIc

OPIc 문제와 모범 답변으로 오늘 배울 문법을 확인하세요.

Q You indicated in the survey that you go shopping. Tell me about the last time you went shopping for something. Where did you go to shop and what did you buy? Who did you go with?

당신은 설문에서 쇼핑을 간다고 했습니다. 마지막으로 뭔가를 사려고 쇼핑했던 일에 대해 말해 주세요. 어디로 쇼핑을 가서 무엇을 샀습니까? 누구와 함께 갔습니까?

MODEL ANSWER

[쇼핑 간 시기] **The last time I went** shopping was last weekend. I had to buy some clothes to wear **as** my friend was organizing a special event. The event didn't call for formal clothes, just "smart casual", so [쇼핑 간 이유] I wanted to get **a nice pair of** jeans and a classy looking dress shirt. [같이 간 사람] I went to a department store with a friend of mine **as** she knows a lot about fashion and style. That turned out to be a good idea, **as** she helped me out a lot! [쇼핑 내역] I ended up getting two shirts, **one pair of** jeans and a new belt. [쇼핑 결과] Though it cost me a lot of money (the clothes were all good quality!), it was worth it, which made me satisfied.

Words & Expressions
recently 최근에
organize 마련하다, 준비하다
as ~라서, ~이기 때문에
call for 필요로 하다
formal clothes 정장
smart casual 단정한 평상복
classy looking 세련되어 보이는
a pair of 한 벌의
turn out to be 결국 ~인 것으로 밝혀지다
end up ~ing 결국 ~하다
worth ~의 가치가 있는

내가 마지막으로 쇼핑을 갔던 것은 지난 주말이었습니다. 내 친구가 특별한 행사를 준비하고 있어서 입을 옷을 좀 사야 했어요. 그 행사는 정장을 요구하지는 않았지만 단정한 평상복이 필요해서, 좋은 청바지 한 벌과 세련되어 보이는 셔츠를 사고 싶었습니다. 내 친구 한 명이 패션과 스타일에 대해 잘 알고 있기 때문에 그녀와 함께 백화점에 갔습니다. 그건 좋은 생각이었어요. 그녀가 많이 도와 줬거든요. 나는 셔츠 두 벌과 청바지 한 벌, 새 벨트를 샀습니다. 비록 돈이 많이 들었지만(옷이 모두 고급이었어요!) 그만한 가치가 있었고, 저는 만족스러웠어요.

GRAMMAR IN OPIc

OPIc 모범 답변에 사용된 주요 문법을 문장을 통해 다시 한 번 확인하세요.

1 the last time 주어+동사 구문을 사용하여 마지막으로 어떤 행동을 한 때가 언제인지 설명했습니다.

- **The last time I went** shopping was very recently.

2 접속사 as를 사용하여 어떤 행동이나 상태의 이유를 설명했습니다.

- I had to buy some clothes **as** my friend was organizing a special event.
- I went to a department store with a friend of mine **as** she knows a lot about fashion.
- That turned out to be a good idea, **as** she helped me out a lot.

3 '한 벌, 한 켤레' 등 수량을 표현하기 위해 a pair of 구문을 사용했습니다.

- I wanted to get **a nice pair of** jeans.
- I ended up getting **one pair of** jeans.

> **NOTE**
>
> **양보 접속사**
>
> 양보 접속사는 '비록 ~하더라도, 비록 ~할지라도'라는 의미를 가진 접속사로, 그 종류에는 though, although, even though가 있습니다.
>
> **EXAMPLE** **Although** Jessica and Brandon broke up, they are still good friends.
> = **Though** Jessica and Brandon broke up, they are still good friends.
> = **Even though** Jessica and Brandon broke up, they are still good friends.
> Jessica와 Brandon은 비록 헤어졌지만, 여전히 좋은 친구입니다.

Power Grammar

1 the last time 주어+동사

'~했던 마지막 때'라는 의미입니다. 응용하여 the last time을 the first time, the second time 등으로 바꾸어 쓸 수 있습니다.

The last time I played baseball was when I was 15 years old.
내가 마지막으로 야구를 했던 건 15살 때였습니다.

The first time she sing in public was when she was 6 years old.
그녀가 처음으로 대중 앞에서 노래를 한 것은 6살 때였습니다.

> **SPEAKING POINT**
>
> the last time 다음에 when을 써서 'the last time when 주어+동사'라고 해도 의미가 같습니다. 실제 OPIc 시험에서 답변이 빨리 떠오르지 않는다면 우선 The last time when I...라고 조금 길게 답변을 늘여서 시간을 벌고, 그동안 다음 내용을 생각하는 것도 좋은 전략입니다.
>
> **EXAMPLE** **The last time when** I went to a movie theater was 2 years ago.
> 내가 마지막으로 영화관에 갔던 건 2년 전이었어요.

2 이유를 나타내는 접속사 as

접속사 as는 '~하기 때문에, ~해서'라는 의미로, 어떤 현상, 상태, 행동의 이유를 나타내는 접속사입니다.

My parents were very glad as I got a job.
내가 취직을 했기 때문에 부모님께서는 매우 기뻐하셨습니다.

> **UPGRADE TIP**
>
> **접속사 as의 다양한 의미**
>
> **이유, 원인** : ~하기 때문에, ~해서
> **EXAMPLE** **As** I didn't study enough, I failed the exam.
> 공부를 충분히 하지 않았기 때문에, 나는 시험에서 떨어졌습니다.
>
> **시간의 흐름** : 함에 따라
> **EXAMPLE** **As** time went by, they were getting excited.
> 시간이 지남에 따라, 그들은 점점 신이 났습니다.
>
> **특정한 시간** : 하고 있을 때
> **EXAMPLE** A cat came up to me **as** I was walking.
> 내가 걷고 있을 때 고양이 한 마리가 나에게 다가왔습니다.

3 수량을 나타내는 a pair of

한 벌이나 한 켤레로 이루어진 물건은 a/one pair of를 써서 수량을 나타낼 수 있습니다. of 뒤에 오는 명사는 항상 복수형으로 쓰지만, 동사는 pair의 수에 맞추어 써야 합니다.

A pair of gloves **is** on the floor.
장갑 한 켤레가 바닥에 있습니다.

Three pairs of gloves **are** on the floor.
장갑 세 켤레가 바닥에 있습니다.

> **SPEAKING POINT**
> 회화체에서는 a pair of를 붙이지 않고, 그냥 명사만 말하는 경우도 많습니다.
> **EXAMPLE** I bought **two pairs of pants.**
> = I bought **two pants.**
> 나는 바지 두 벌을 샀습니다.

LET'S PRACTICE

앞에서 배운 문법을 활용하여 영어로 문장을 만들어 봅시다.

■ The last time 주어+동사

1 Mathew가 마지막으로 여자친구를 사귀었던 때는 작년이었습니다.

2 우리가 처음으로 함께 도서관에서 공부를 했던 때는 3개월 정도 전이었습니다.

3 내가 마지막으로 영화를 보러 갔던 때는 Jane과 데이트를 하던 때였습니다.

■ 이유를 나타내는 접속사 as

1 아버지의 건강 검진 결과가 꽤 좋게 나왔기 때문에 나는 안심했습니다. (be relieved)

2 TV 가격이 많이 올라서, 어머니는 TV를 사지 않기로 하셨습니다.

3 그녀는 이상한 소리를 들어서, 한밤중에 깼습니다.

■ 수량을 나타내는 a pair of

1 나는 크리스마스 선물로 친구들에게 줄 장갑을 두 켤레 샀습니다.

2 그는 워킹화를 사러 갔지만, 마지막 한 켤레가 팔렸습니다.

3 그 바지 한 벌은 멋져 보이지만 나는 그것을 살 돈이 없습니다.

_____

ANSWER 때를 나타내는 The last time 주어+동사

1. The last time Mathew had a girlfriend was last year.
2. The first time we studied in the library together was about three months ago.
3. The last time I went to see a movie was when I was dating Jane.

이유를 나타내는 as

1. I was relieved as the result of my father's medical checkup was quite good.
2. My mother decided not to buy the TV as its price went up high.
3. She woke up in the middle of the night as she heard a strange sound.

수량을 나타내는 a pair of

1. I bought two pairs of gloves for my friends as a Christmas present.
2. He went to buy walking shoes but the last pair was sold out.
3. The pair of jeans looks great but I don't have money to buy it.

Power Practice

1 Model Answer를 참고하여 아래의 빈칸을 알맞은 말로 채워 보세요.

> several pairs of / the last time I went / as I heard that / as I don't wear / some new pairs

_____ shopping was only yesterday. I cleaned up my closet last weekend and I threw away some old clothes _____ them anymore. And I found out that I needed to buy _____ of jeans. I drove to Yeoju _____ there was a great outlet with a lot of shops. It took me more than 3 hours to look around and choose what to buy. Luckily they offered an additional special discount; I could get _____ pants, shirts and jackets at reasonable prices. Though I felt really tired when I got home, I was very happy and satisfied.

ANSWER

The last time I went shopping was only yesterday. I cleaned up my closet last weekend and I threw away some old clothes as I don't wear them anymore. And I found out that I needed to buy some new pairs of jeans. I drove to Yeoju as I heard that there was a great outlet with a lot of shops. It took me more than 3 hours to look around and choose what to buy. Luckily they offered an additional special discount; I could get several pairs of pants, shirts and jackets at reasonable prices. Though I felt really tired when I got home, I was very happy and satisfied.

2
빈칸에 주어진 우리말에 해당하는 알맞은 영어 표현을 넣어 보세요.

_____①내가 마지막으로 쇼핑을 하러 갔던 때_____ was last Saturday. I had to buy a dress to wear _____②내 친구가 특별한 음악회를 준비하고 있었기 때문에_____. The concert called for formal clothes like dresses, so I wanted to buy a pretty dress and _____③멋진 신발 한 켤레_____. I went to a local store with my sister _____④그녀가 쇼핑을 아주 잘하기 때문에 (잘하다: be good at)_____, especially for clothes or fashion items. I'll bring my sister whenever I go shopping, _____⑤그녀가 나를 많이 도와주기 때문에 (도와주다: help out)_____! After about 30 minutes of shopping, _____⑥나는 푸른색 드레스와 멋진 흰색 하이힐 한 켤레를 샀다_____. Though I spent quite a bit of money, I felt satisfied since they were worth it.

ANSWER

① The last time I went shopping
② as my friend was preparing for a special concert
③ a nice pair of shoes
④ as she's very good at shopping
⑤ as she helps me out a lot
⑥ I bought a blue dress and a nice pair of white high heels

MY OPIc ANSWER

앞에서 만들어 보았던 나만의 Idea Map과 오늘의 OPIc 모범 답변을 참고하여 쇼핑에 대해 얘기하는 나만의 OPIc 답변을 만들어 봅시다.

쇼핑 간 시기

The last time I went shopping was last weekend.
내가 마지막으로 쇼핑을 갔던 것은 지난 주말이었습니다.

My Answer

쇼핑 간 이유

I had to buy some clothes to wear as my friend was organizing a special event. The event didn't call for formal clothes, just "smart casual", so I wanted to get a nice pair of jeans and a classy looking dress shirt.
나는 친구가 특별한 행사를 준비하고 있어서 입을 옷을 좀 사야 했어요. 그 행사는 정장을 요구하지는 않았지만 '단정한 평상복'이 필요해서, 좋은 청바지 한 벌과 세련되어 보이는 셔츠를 사고 싶었습니다.

My Answer

같이 간 사람

I went to a department store with a friend of mine as she knows a lot about fashion and style. That turned out to be a good idea, as she helped me out a lot!
내 친구 한 명이 패션과 스타일에 대해 잘 알고 있기 때문에 그녀와 함께 백화점에 갔습니다. 그건 좋은 생각이었어요. 그녀가 많이 도와 줬거든요.

My Answer

쇼핑 내역

I ended up getting two shirts, one pair of jeans and a new belt.
나는 셔츠 두 벌과 청바지 한 벌, 새 벨트를 샀습니다.

My Answer

쇼핑 결과

Though it cost me a lot of money (The clothes were all good quality!), it was worth it, which made me satisfied.

비록 돈이 많이 들었지만(옷이 모두 고급이었어요!) 그만한 가치가 있었고, 저는 만족스러웠어요.

My Answer

15

해외여행

GRAMMAR POINTS

1 | 가정법 과거

2 | 경험을 나타내는 현재완료 have p.p.

3 | 양보접속사 though

Power OPIc

여행지 관련 질문은 New OPIc에서 3난 **콤보** 문제로 출제되기 쉽습니다. 가본 곳 중에서 좋았던 장소나 앞으로 가 보고 싶은 곳을 하나 정하고, 그 여행지의 날씨, 그곳에서 즐길 수 있는 활동, 누구와 함께 가고 싶은지, 무엇을 하고 싶은지, 어떻게 그 곳에 갈 수 있는지 등 다양한 내용의 답변을 준비해 보는 것이 좋습니다.

IDEA MAP

해외여행에 대해 얘기할 때는 어떤 내용이 들어가야 할까요? 오늘의 OPIc 문제에 대한 Idea Map을 확인한 후, 나만의 Idea Map을 만들어 봅시다.

IDEA MAP

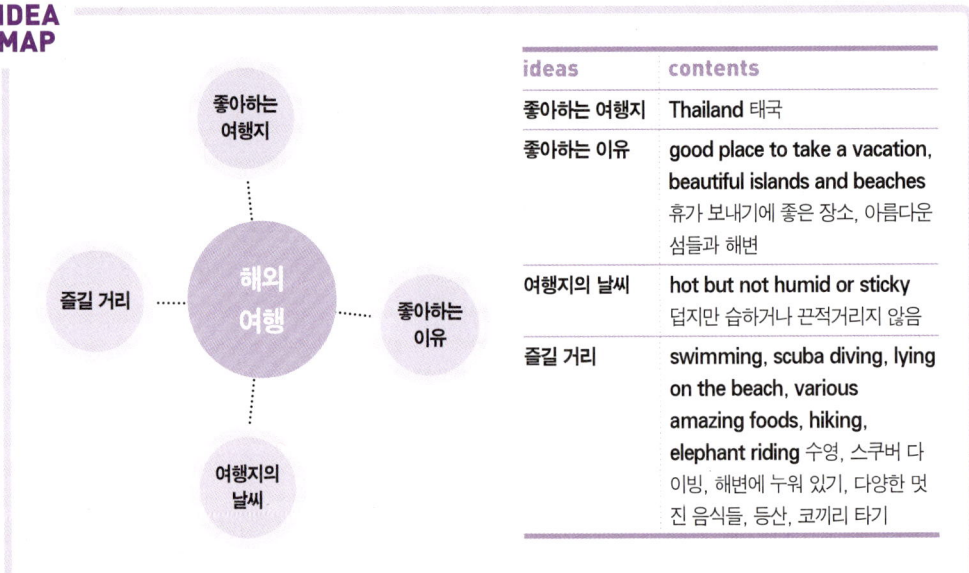

ideas	contents
좋아하는 여행지	Thailand 태국
좋아하는 이유	good place to take a vacation, beautiful islands and beaches 휴가 보내기에 좋은 장소, 아름다운 섬들과 해변
여행지의 날씨	hot but not humid or sticky 덥지만 습하거나 끈적거리지 않음
즐길 거리	swimming, scuba diving, lying on the beach, various amazing foods, hiking, elephant riding 수영, 스쿠버 다이빙, 해변에 누워 있기, 다양한 멋진 음식들, 등산, 코끼리 타기

MY IDEA MAP

ideas	contents

TODAY'S OPIc

OPIc 문제와 모범 답변으로 오늘 배울 문법을 확인하세요.

 You indicated in the survey that you take vacations internationally. If you have to pick an overseas vacation spot right away, where would you pick and why?

설문에서 해외로 휴가를 가신다고 답변하셨습니다. 지금 해외 여행지 한 곳을 고를 수 있다면 어디를 고르시겠습니까? 그 이유는 무엇인가요?

MODEL ANSWER

My favorite type of holiday is a beach vacation. So, **if I could** choose one place to go right now, **I would** go to [좋아하는 여행지] Thailand. **I have been** there many times, and [좋아하는 이유] I think it is a good place to take a vacation. [여행지의 날씨] **Though** the weather is really hot, it's not humid or sticky. And [즐길 거리] there are many beautiful islands and beaches. We can enjoy swimming, scuba diving and lying on the beautiful beach. And there are many other fun things to do in Thailand. For example, if you go to Bangkok, you can have chances to enjoy various amazing foods. And if I had time to go to northern Thailand, I would go hiking or take an elephant ride.

Words & Expressions
beach vacation 바닷가에서 보내는 휴가
take a vacation 휴가를 보내다
humid 습한
sticky 끈적거리는
though 비록 ~하지만
lie 누워있다, 눕다
lie-lay-lain
fun things 재미있는 일들
amazing 놀라운, 대단한
northern 북쪽의

내가 좋아하는 휴가의 형태는 바닷가에서 보내는 휴가입니다. 그래서 만약 지금 당장 갈 곳을 한 군데 고를 수 있다면 나는 태국에 갈 거라고 생각해요. 나는 그 곳에 여러 번 가본 적이 있고, 그 곳이 휴가를 보내기에 아주 좋은 장소라고 생각합니다. 날씨가 비록 너무 덥기는 하지만 습하거나 끈적거리지는 않습니다. 그리고 아름다운 섬과 해변들이 아주 많이 있어요. 그 곳에서 나는 수영과 스쿠버 다이빙, 해변에 누워 있기를 여러 번 즐겼죠. 그리고 태국에는 다른 재미있는 할 일이 많이 있습니다. 예를 들어서, 만약 방콕에 간다면 멋진 음식들을 다양하게 즐길 기회가 있겠죠. 그리고 만약 태국의 북쪽에 갈 시간이 있다면 나는 등산을 하거나 코끼리를 타 볼 겁니다.

GRAMMAR IN OPIc

OPIc 모범 답변에 사용된 주요 문법을 문장을 통해 다시 한 번 확인하세요.

1 '만약 ~한다면 ~할 것이다' 같이 어떤 상황을 가정하는 것을 가정법 과거로 표현했습니다.
- **If I could** choose one place to go, **I would** go to Thailand.
- **If I had** time to go to northern Thailand, **I would** go hiking.

2 과거에 겪었던 경험을 나타내기 위해 현재완료 have p.p.를 사용했습니다.
- I **have been** there many times.

3 '비록 ~하지만'이라는 의미를 나타내는 접속사 though를 사용했습니다.
- **Though** the weather is really hot, it's not humid.

> **NOTE**
>
> **to부정사의 형용사적 용법**
> 명사 뒤에 to부정사를 쓰면, to부정사가 앞에 있는 명사를 수식해서 '~하는' 혹은 '~할'이라는 뜻이 됩니다.
>
> **EXAMPLE** There are many fun things **to do** in Thailand.
> 태국에는 재미있는 할 일들이 많이 있습니다.
>
> **EXAMPLE** I've got an important report **to finish** this weekend.
> 나는 이번 주말에 끝내야 하는 중요한 리포트가 있습니다.
>
> **EXAMPLE** There are two computers **to fix** in this room.
> 이 방에는 고쳐야 할 컴퓨터가 두 대 있습니다.

Power Grammar

1 가정법 과거

현재와는 반대되는 상황, 혹은 일어날 수 없는 비현실적인 상황을 가정할 때 가정법 과거를 이용하여 표현할 수 있습니다. 가정법 과거 구문은 if절에는 과거형 동사를 쓰고 주절에는 조동사의 과거형을 씁니다.

$$\text{If} + 주어_1 + 과거형\ 동사,\ 주어_2 + 과거형\ 조동사 + 동사원형$$

would
could
should
might

If I were a bird, **I would** fly to the sky.
내가 만약 새라면, 나는 하늘로 날아올라 갈 거예요. (비현실적이고 불가능한 상황)

> **SPEAKING POINT**
>
> 원래 가정법 과거 구문에서는 1인칭과 3인칭 단수 주어에 해당하는 be동사의 과거형으로 was를 쓰지 않고 were만 사용하는 것이 원칙이나, 구어체에서는 was를 쓰는 경우도 많습니다.
>
> **EXAMPLE** **If I were** you, **I would** call him.
> = **If I was** you, **I would** call him.
> 만약 내가 당신이라면, 나는 그에게 전화할 겁니다.

> **UPGRADE TIP**
>
> 가정법 과거 구문에 사용되는 과거형 조동사로는 would/could/should/might가 있고, 하고자 하는 말의 내용에 따라 어떤 조동사를 쓸 것인지 선택할 수 있습니다.
>
> **would** : '~하겠다, ~할 것이다' 라는 주어의 의지
> **EXAMPLE** **If I were** you, **I would** follow her advice.
> 만약 내가 당신이라면, 나는 그녀의 충고를 따르겠습니다.
>
> **could** : '~할 수 있을 텐데' 라는 가능성
> **EXAMPLE** **If I had** more money, **I could** buy a car.
> 만약 내가 돈이 더 많다면, 나는 차를 한 대 살 수 있을 거예요.

UPGRADE TIP

should : '~될 것이다'라는 결과
EXAMPLE If it rained heavily, the crops should be damaged.
만약 비가 심하게 내린다면, 농작물이 피해를 입게 될 것입니다.

might : '~할 것 같다'라는 추측
EXAMPLE If we rejected their offer, they might give it up.
만약 우리가 그들의 제안을 거절한다면, 그들은 아마 포기할 것 같습니다.

2 경험을 나타내는 현재완료 have p.p.

과거의 경험을 얘기할 때는 현재완료(have p.p.)를 씁니다. 7장에서 배운 현재완료의 계속적 용법과 혼동하지 않도록 주의하세요. 형태상으로는 차이가 없고 의미가 다를 뿐입니다.

현재완료(계속)	I have been in Africa since 1997. 나는 1997년 이래로 아프리카에 거주하고 있습니다.
현재완료(경험)	I have been to Africa many times. 나는 아프리카에 가본 적이 여러 번 있습니다.

SPEAKING POINT

'어디에 가본 적이 있다'고 말할 때는 have gone이 아니라 have been이라고 해야 합니다. have gone은 '어디에 가버려서 지금 여기에 없다'는 의미입니다.
EXAMPLE She has been to Turkey. 그녀는 터키에 가본 적이 있습니다.
EXAMPLE The train has gone. 기차가 가버렸습니다.

3 양보접속사 though

though는 '비록 ~하더라도', '비록 ~할지라도'라는 의미를 가진 양보 접속사입니다.

Though the weather was very hot, we played basketball.
날씨가 아주 더웠지만, 우리는 농구를 했습니다.

LET'S PRACTICE

앞에서 배운 문법을 활용하여 영어로 문장을 만들어 봅시다.

■ **가정법 과거**

1. 나에게 하루 30시간이 있다면, 하루 10시간 이상 잘 수 있을 거야.

2. 내가 너라면 나는 내가 좋아하는 일에 시간을 더 쓸 거야.

3. 내가 엄마를 다시 만날 수 있다면, 사랑한다고 말씀 드리겠어요.

■ **경험을 나타내는 현재완료 have p.p.**

1. 그는 유럽의 여러 나라에 가봤지만 그리스나 터키에는 아직 가보지 못했습니다.

2. 그 부부는 결혼 후 한번도 싸운 적이 없습니다.

3. 그들은 아직 태국 음식을 먹어 보지 않았습니다.

■ **양보접속사 though**

1. 날씨가 꽤 추웠지만, 우리는 홋카이도에서 좋은 시간을 보냈습니다.

2. 나는 내 결혼식에 사람들이 많이 오지 않더라도 신경 쓰지 않을 겁니다.

3 Ms. Kim은 회사에서 멀리 떨어져 살지만, 아침에 아주 일찍 사무실에 도착합니다.

ANSWER 가정법 과거

1. If I had 30 hours a day, I could sleep more than 10 hours.
2. If I were you, I would spend more time on what I like.
3. If I could see my mother again, I would say I love her.

경험을 나타내는 현재완료 have p.p.

1. He has been to many European countries, but not to Greece or Turkey yet.
2. The couple has never had a quarrel since they got married.
3. They have not tried Thai food yet.

양보접속사 though

1. Though the weather was pretty cold, we had a great time in Hokkaido.
2. I won't mind even if not many people come to my wedding ceremony.
3. Though Ms. Kim lives far away from the company, she gets to the office very early in the morning.

Power Practice

1 Model Answer를 참고하여 아래의 빈칸을 알맞은 말로 채워 보세요.

> would go to Switzerland / I've been to Switzerland / Though the traffic is terrible / had to pick / would say

I love to go to a mountain or a valley on my vacation. If I _____ just one place to go, I _____ it's definitely Switzerland. My favorite place to go for a vacation is Switzerland, for sure. There is a mountain and various valleys where we can enjoy cool and fresh air. So far, I remember _____ more than twenty times. Actually there are so many things to do there in summer. We can swim in the sea, sunbathe on the beach, read books or comic books near the valley and taste various seafood. _____ in early August, I _____ at late August, if I could.

ANSWER

I love to go to a mountain or a valley on my vacation. If I had to pick just one place to go, I would say it's definitely Switzerland. My favorite place to go for a vacation is Switzerland, for sure. There is a mountain and various valleys where we can enjoy cool and fresh air. So far, I remember I've been to Switzerland more than twenty times. Actually there are so many things to do there in summer. We can swim in the sea, sunbathe on the beach, read books or comic books near the valley and taste various seafood. Though the traffic is terrible in early August, I would go to Switzerland at late August, if I could.

2 빈칸에 주어진 우리말에 해당하는 알맞은 영어 표현을 넣어 보세요.

My favorite place to go on a vacation is a beach. So, ① 만약 내가 갈 곳을 딱 한 장소만 선택해야 한다면 right now, I guess I would go to the Philippines. ② 비록 나는 예전에 그곳을 여러 번 가봤지만, I think of the Philippines whenever I have time to take a vacation. ③ 비록 여름에는 날씨가 정말 덥지만, it's not that humid or sticky in the Philippines. And there are so many beautiful islands, beaches and pretty places to stay in. ④ 나는 수영과 일광욕을 즐겼던 적이 있다 (일광욕: sunbathing) on the beach several times there. And ⑤ 만약 내가 필리핀에 갈 시간이 있다면 during my vacation, ⑥ 나는 발리에 들를 것이다 (들르다: drop by) on my way back to Seoul.

ANSWER

① if I had to choose just one place to go
② Though I have been there many times before
③ Though the weather is really hot in summer
④ I've enjoyed swimming and sunbathing
⑤ if I had time to go to the Philippines
⑥ I would drop by Bali

MY OPIc ANSWER

앞에서 만들어 보았던 나만의 Idea Map과 오늘의 OPIc 모범 답변을 참고하여 해외여행지에 대한 나만의 OPIc 답변을 만들어 봅시다.

좋아하는 여행지	My favorite type of holiday is a beach vacation. So, if I could choose one place to go there right now, I would go to Thailand. 내가 좋아하는 휴가의 형태는 바닷가에서 보내는 휴가입니다. 그래서 만약 지금 당장 갈 곳을 한 군데 고를 수 있다면 나는 태국에 갈 거예요.	**My Answer**
좋아하는 이유	I have been there many times, and I think it is a good place to take a vacation. And there are many beautiful islands and beaches. 나는 그곳에 여러 번 가본 적이 있고, 그곳이 휴가를 보내기에 아주 좋은 장소라고 생각합니다. 그리고 아름다운 섬과 해변들이 아주 많이 있어요.	**My Answer**
여행지의 날씨	Though the weather is really hot, it's not humid or sticky. 날씨가 비록 너무 덥기는 하지만 습하거나 끈적거리지는 않습니다.	**My Answer**
즐길 거리	We can enjoy swimming, scuba diving and lying on the beautiful beach. And there are many other fun things to do in Thailand. For example, if you go to Bangkok, you can have chances to enjoy various amazing foods. And if I had time to go to northern Thailand, I would go hiking or	**My Answer**

take an elephant ride.

우리는 수영, 스쿠버 다이빙, 그리고 아름다운 해변에 누워 있는 것을 즐길 수 있습니다. 그리고 태국에는 다른 재미있는 할 일이 많이 있습니다. 예를 들어, 만약 방콕에 간다면 멋진 음식들을 다양하게 즐길 기회가 있겠죠. 그리고 만약 태국의 북쪽에 갈 시간이 있다면 나는 등산을 하거나 코끼리를 타 볼 겁니다.

16

지형 묘사

GRAMMAR POINTS

1 | because of 명사 / 동명사

2 | 수동태와 전치사

3 | 복합관계부사 wherever

Power OPIc

지형 묘사 문제는 Background Survey 항목 중 트레킹과 관련하여 3단 콤보 문항으로 나오거나, New OPIc 경향에 따라 돌발 질문으로 출제될 수도 있습니다. 여행이나 출장을 갔던 장소를 한 곳 골라서 그 곳의 지형적 특징을 묘사하는 답변을 준비해 보세요.

IDEA MAP

지형을 묘사할 때는 어떤 내용이 들어가야 할까요? 오늘의 OPIc 문제에 대한 Idea Map을 확인한 후, 나만의 Idea Map을 만들어 봅시다.

IDEA MAP

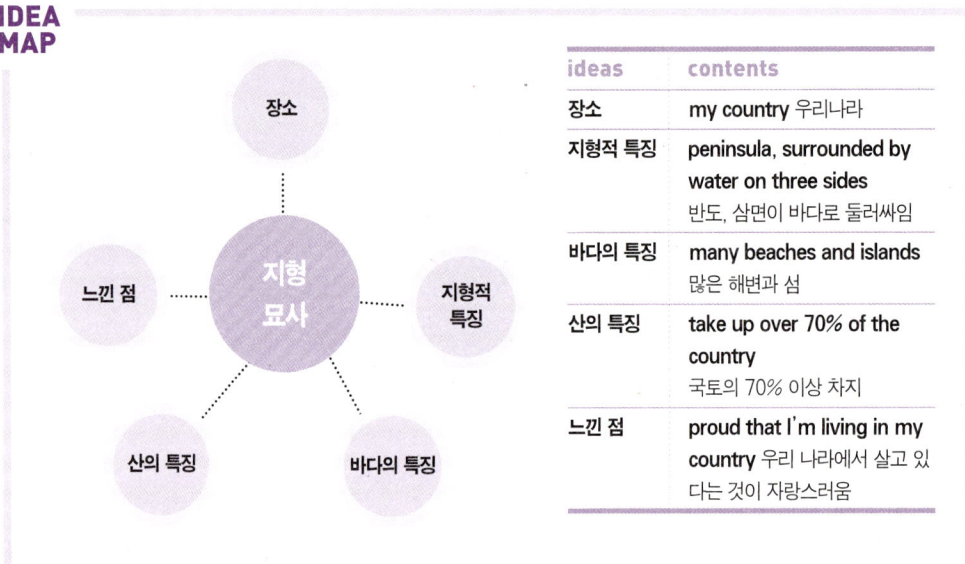

ideas	contents
장소	my country 우리나라
지형적 특징	peninsula, surrounded by water on three sides 반도, 삼면이 바다로 둘러싸임
바다의 특징	many beaches and islands 많은 해변과 섬
산의 특징	take up over 70% of the country 국토의 70% 이상 차지
느낀 점	proud that I'm living in my country 우리 나라에서 살고 있다는 것이 자랑스러움

MY IDEA MAP

ideas	contents

TODAY'S OPIc

OPIc 문제와 모범 답안으로 오늘 배울 문법을 확인하세요.

Q **Tell me about the geography of your country. Are there mountains or beaches? Describe in detail about the landscapes in your country.**

당신 나라의 지형에 대해 말해주세요. 산이나 해변이 있습니까? 당신 나라의 풍경에 대해 자세히 묘사해 주세요.

MODEL ANSWER

[장소] My country isn't so big compared to others, but it has an amazing array of geographical features. **Wherever** you go during vacation, you will **be fascinated with** such a nice view. [지형적 특징] It is a peninsula, so it **is surrounded by** water on three sides. **Because of** that, [바다의 특징] there are many beaches and many islands. During summer vacation season, the beaches **are** extremely **crowded with** thousands of sunbathers. There are also a lot of mountains and in fact, [산의 특징] the mountains take up over 70% of the country! **Because of** that, **wherever** you are here in Korea, you are always not too far from a mountain! [느낀 점] I'm proud that I'm living in such a beautiful country like this.

Words & Expressions

compared to ~와 비교하면, ~와 비교해서
array 열거, 다량
geographical 지리적인
wherever ~하는 곳은 어디든, ~하는 곳마다
be fascinated with ~ 에 매혹되다
view 전경, 전망
peninsula 반도
be surrounded by ~ 로 둘러싸여 있다
because of ~ 때문에
extremely 심하게, 매우
be crowded with ~ 로 북적이다, ~로 붐비다
sunbather 일광욕을 하는 사람
take up 차지하다
proud 자랑스러운, 자부심이 느껴지는

우리나라는 다른 나라들과 비교했을 때 그렇게 크지는 않지만, 지형적으로 놀라운 특징을 갖고 있습니다. 휴가 때 어디로 가든지 당신은 이러한 아름다운 풍경에 매료될 거예요. 우리나라는 반도이기 때문에 삼면이 바다로 둘러싸여 있습니다. 이 때문에 해변과 섬들이 많이 있죠. 여름 휴가 기간 동안에는 일광욕을 하는 사람들로 해변이 심하게 붐빕니다. 또한 산도 많은데, 사실 산이 국토의 70% 이상을 차지하고 있어요! 그렇기 때문에, 당신이 한국의 어디에 있든 산에서 멀리 떨어져 있지 않습니다. 나는 이렇게 아름다운 나라에서 살고 있다는 것이 자랑스럽습니다.

GRAMMAR IN OPIc

OPIc 모범 답변에 사용된 주요 문법을 문장을 통해 다시 한 번 확인하세요.

1 because of 구문을 사용해서 어떠한 사건 또는 현상의 원인을 설명했습니다.

- **Because of** that, there are many beaches and many islands.
- **Because of** that, you are always not too far from a mountain.

2 여러 가지 수동태에 맞는 전치사를 사용했습니다.

- You will **be fascinated with** such a nice view.
- It **is surrounded by** water on three sides.
- The beaches **are** extremely **crowded with** thousands of sunbathers.

3 복합관계부사 wherever를 사용하여 '하는 곳마다', '~하는 곳 어디라도'라는 의미를 표현했습니다.

- **Wherever** you go during vacation, you will be fascinated with such a nice view.
- **Wherever** you are here in Korea, you are always not too far from a mountain.

Power Grammar

1 because of + 명사/동명사

because of와 because는 의미는 같지만, because of 뒤에는 명사와 동명사 또는 대명사가 오고, because 뒤에는 완결된 하나의 문장이 옵니다.

because of + 명사/동명사	because + 주어 + 동사
Because of the rain, we canceled the picnic. 폭우 때문에 우리는 소풍을 취소했습니다	**Because** I got up late, I missed the train. 늦게 일어났기 때문에, 나는 기차를 놓쳤습니다

2 수동태와 전치사

수동태는 어떤 동사의 수동태인지에 따라 다양한 전치사를 사용합니다. 일반적으로 수동태는 'be+p.p. +by+행위자'의 형태이지만 행위자 앞에 by만 쓰는 것은 아닙니다. 동사에 따라 다양한 전치사를 사용하여 수동태를 만드는 예를 살펴 보고 예문을 통째로 암기하는 것이 좋습니다.

be surrounded by ~로 둘러싸이다	My house **is surrounded by** mountains. 우리 집은 산으로 둘러싸여 있습니다.
be surprised at ~에 놀라다	I **was surprised at** the sad news. 나는 그 슬픈 소식에 놀랐습니다.
be made of ~로 만들어지다	This table **is made of** wood. 이 식탁은 나무로 만들어졌습니다.
be made from ~로 만들어지다	This wine **is made from** French grapes. 이 와인은 프랑스산 포도로 만들어졌습니다.
be interested in ~에 관심 있다	He **is interested in** playing the drums. 그는 드럼 연주에 관심이 있습니다.
be satisfied with ~에 만족하다	My parents **were satisfied with** my score. 우리 부모님은 내 점수에 만족해 하셨습니다.

> **UPGRADE TIP**
>
> **be와 get을 사용한 수동태**
>
> 수동태는 be동사를 사용하여 만들 수도 있고 get을 사용하여 만들 수도 있지만,
> 그 의미에는 차이가 있습니다.
>
> **be동사+p.p.** 완료된 상태의 표현
> **EXAMPLE** I **was worried** because I didn't do my best.
>   내가 최선을 다하지 않았기 때문에 나는 걱정이 되었습니다.
>
> **get+p.p.** 상태의 변화
> **EXAMPLE** When our team won the match, we **got** so **excited**.
>   우리 팀이 경기를 이겼을 때, 우리는 흥분해 버렸습니다.

3 복합관계부사 wherever

복합관계부사 wherever는 선행사와 관계부사가 결합된 것으로 장소 또는 양보의 의미로 사용됩니다.

(1) 장소의 의미

wherever가 장소의 의미로 쓰였을 때에는 '~인 곳은 어디든지(=at any place where)'라고 해석합니다.

Wherever I go, I always listen to music.
어디로 가든, 나는 언제나 음악을 듣습니다.

(2) 양보의 의미

'어디서 ~하더라도(=no matter where)'라는 뜻으로 양보의 의미를 나타냅니다. Wherever는 앞서 본 내용과 같이 장소의 의미도 있지만, 대부분은 양보의 의미로 사용됩니다.

She sleeps well wherever she is.
어디에 있다 하더라도 그녀는 잠을 잘 잡니다.

Wherever we go, we have a great time together.
우리는 어디에 간다 하더라도, 함께 즐거운 시간을 보냅니다.

> **UPGRADE TIP**
>
> 복합관계부사 wherever에 may를 추가하여 wherever you may go라고 하면 '(갈지 안 갈지는 모르겠지만 혹시라도) ~하는 곳마다, ~하는 곳 어디라도'라는 가정의 의미를 갖게 됩니다.
> **EXAMPLE** **Wherever** you **may** go, I'll be with you.
>   (당신이 안 갈지도 모르지만) 당신이 어디로 가든지 난 당신과 함께 있을 거예요.

LET'S PRACTICE

앞에서 배운 문법을 활용하여 영어로 문장을 만들어 봅시다.

■ because of + 명사 / 동명사

1 나는 여행을 매우 좋아하는데, 새로운 친구들을 만들 수 있는 기회를 주기 때문입니다.

2 Kevin은 어제 몸이 안 좋았기 때문에(under the weather), 여자친구에게 데이트하자고 말하지 (ask someone out) 않았습니다.

3 그 슬픈 소식 때문에, 우리는 눈물을 흘렸습니다. (shed tears)

■ 수동태와 전치사

1 갑자기 그 가수는 많은 아이들에게 둘러싸였습니다.

2 학생들은 영어 말하기 테스트 결과에 만족하지 않았습니다.

3 그는 나무를 가지고 뭔가를 만드는 데 관심이 있습니다.

■ 복합관계부사 Wherever

1 네가 어디를 가든 나한테 이메일이나 편지를 보내.

2 우리가 어디에서 휴가를 보내더라도, 그건 재미있을 거야.

3 그녀는 어디서 일을 하든지 환영을 받고 도움을 받을 거야.

ANSWER because of + 명사 / 동명사

1. I love travelling because it gives me chances to make new friends.
2. Because Kevin was under the weather, he didn't ask his girlfriend out.
3. Because of the sad news, we shed tears.

수동태와 전치사

1. Suddenly the singer was surrounded by a lot of children.
2. Students weren't satisfied with the result of the English speaking test.
3. He is interested in making something with wood.

복합관계부사 wherever

1. Wherever you go, please send me an e-mail or a letter.
2. Wherever we may spend our vacation, it'll be fun.
3. Wherever she works, she will be welcomed and helped.

Power Practice

1 Model Answer를 참고하여 아래의 빈칸을 알맞은 말로 채워 보세요.

> are really crowded with / wherever you are here / because of / will be fascinated with / wherever you go

Though Korea is not so big compared to other countries, it has an amazing array of geographical features. _____ inside the country, you _____ such beautiful views. It is a peninsula, so it is surrounded by water on three sides. Because of that, there are beaches and islands on the west, east and south. During summer vacation season, the beaches _____ thousands of visitors who want to swim and sunbathe. And in winter time, a lot of people go to the eastern part of the country to enjoy skiing or snowboarding. There are also a lot of mountains in the country, and _____ that, _____ in Korea, it won't take too long to get to a mountain. I think I'm lucky to have been born in this beautiful country.

ANSWER

Though Korea is not so big compared to other countries, it has an amazing array of geographical features. Wherever you go inside the country, you will be fascinated with such beautiful views. It is a peninsula, so it is surrounded by water on three sides. Because of that, there are beaches and islands on the west, east and south. During summer vacation season, the beaches are really crowded with thousands of visitors who want to swim and sunbathe. And in winter time, a lot of people go to the eastern part of the country to enjoy skiing or snowboarding. There are also a lot of mountains in the country, and because of that, wherever you are here in Korea, it won't take too long to get to a mountain. I think I'm lucky to have been born in this beautiful country.

2 빈칸에 주어진 우리말에 해당하는 알맞은 영어 표현을 넣어 보세요.

My country isn't really big compared to others, but there's an amazing array of geographical features. First, ① 당신이 휴가 동안 가는 곳마다 , you will be treated to amazingly great views. Korea is a peninsula, so ② 그것은 물로 둘러싸여 있다 on three sides. ③ 그 지형적 특징 때문에 (특징: feature) , there are many beaches and many islands. Especially during summer vacation season, ④ 해변들은 수천 명의 사람들로 심하게 붐빈다 who go there to avoid humid and sticky weather. There are also a lot of mountains, and in fact over 70% of the country is mountains. Because of that, ⑤ 당신이 여기 한국의 어디에 있든 , you can get to any mountain quickly. I'm proud of living in such a beautiful country like this.

ANSWER

① wherever you go during vacation
② it is surrounded by water
③ Because of that geographical feature
④ the beaches are extremely crowded with thousands of people
⑤ wherever you are here in Korea

MY OPIc ANSWER

앞에서 만들어 보았던 나만의 Idea Map과 오늘의 OPIc 모범 답변을 참고하여 우리나라의 지형을 묘사하는 나만의 OPIc 답변을 만들어 봅시다.

장소

My country isn't so big compared to others, but it has an amazing array of geographical features.

우리나라는 다른 나라들과 비교했을 때 그렇게 크지는 않지만, 지형적으로 놀라운 특징을 갖고 있습니다.

My Answer

지형적 특징

Wherever you go during vacation, you will be fascinated with such a nice view. It is a peninsula, so it is surrounded by water on three sides.

휴가 때 어디로 가든지 당신은 이러한 아름다운 풍경에 매료될 거예요. 우리나라는 반도이기 때문에 삼면이 바다로 둘러싸여 있습니다.

My Answer

바다의 특징

Because of that, there are many beaches and many islands. During summer vacation season, the beaches are extremely crowded with thousands of sunbathers.

이 때문에 해변과 섬들이 많이 있죠. 여름 휴가 기간 동안에는 일광욕을 하는 사람들로 해변이 심하게 붐빕니다.

My Answer

산의 특징

There are also a lot of mountains and in fact, the mountains take up over 70% of the country! Because of that, wherever you are here in Korea, you are always not too far from a mountain!

또한 산도 많은데, 사실 산이 국토의 70% 이상을 차지하고 있어요! 그렇기 때문에, 당신이 한국의 어디에 있든 산에서 멀리 떨어져 있지 않습니다.

My Answer

느낀점

I'm proud that I'm living in such a beautiful country like this.

나는 이렇게 아름다운 나라에서 살고 있다는 것이 자랑스럽습니다.

My Answer

17

테크놀로지

GRAMMAR POINTS

1 | another, others, the other, the others

2 | both A and B, either A or B, neither A nor B, A as well as B

3 | no matter how 주어+동사

Power OPIc

요즘 사용하고 있는 테크놀로지에 대해 돌발 질문으로 출제될 수 있습니다. 또는 학교나 직장에서 어떤 새로운 기술을 쓰는지 물어볼 수도 있습니다. 테크놀로지라고 해서 어렵게 생각하지 말고 흔히 사용하는 TV나 인터넷에 대해 답변하는 것도 좋습니다. 그 외에도 노트북, 스마트폰 등의 기기를 사용한다면 언제 구입했는지, 어디서 주로 무엇을 하는 데 쓰는지, 하루에 얼마나 사용하는지 등을 대답할 수 있도록 답변을 정리해 보세요.

IDEA MAP

요즘 사용하는 기술에 대해 얘기할 때는 어떤 내용이 들어가야 할까요? 오늘의 OPIc 문제에 대한 Idea Map을 확인한 후, 나만의 Idea Map을 만들어 봅시다.

IDEA MAP

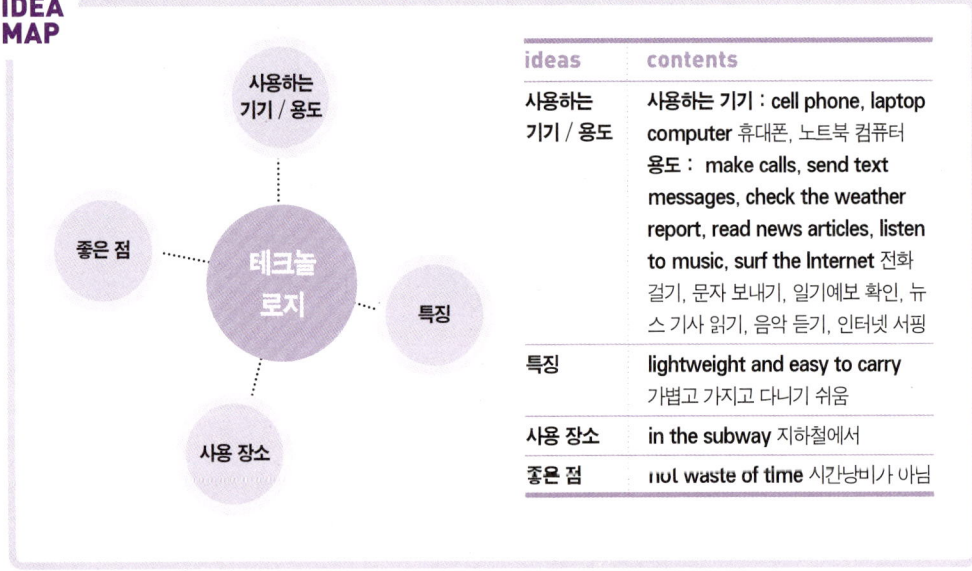

ideas	contents
사용하는 기기 / 용도	사용하는 기기 : cell phone, laptop computer 휴대폰, 노트북 컴퓨터 용도 : make calls, send text messages, check the weather report, read news articles, listen to music, surf the Internet 전화 걸기, 문자 보내기, 일기예보 확인, 뉴스 기사 읽기, 음악 듣기, 인터넷 서핑
특징	lightweight and easy to carry 가볍고 가지고 다니기 쉬움
사용 장소	in the subway 지하철에서
좋은 점	not waste of time 시간낭비가 아님

MY IDEA MAP

ideas	contents

TODAY'S OPIc

OPIc 문제와 모범 답변으로 오늘 배울 문법을 확인하세요.

Q Can you tell me what kind of technology you use these days?
요즘 어떤 종류의 테크놀로지를 이용하고 계신지 말씀해 주시겠습니까?

MODEL ANSWER

Actually, I use various kinds of devices these days. First of all, [사용하는 기기] I always carry my cell phone with me [용도] to make calls and send text messages. I also can check the weather report, read news articles, listen to music and surf the Internet through my cell phone. [사용하는 기기] **Another** useful device is my laptop computer. [특징] It is lightweight and easy to carry. My laptop computer **as well as** my cell phone helps me to take care of many things even [사용 장소] in the subway. **No matter how long** it takes to get to somewhere by subway, [좋은 점] it's not just a waste of time since I can do a lot of work with them.

Words & Expressions
carry 들다
device 기계, 기기
text message 문자
weather report 일기예보
surf the Internet 인터넷 서핑을 하다
laptop computer 노트북 컴퓨터
lightweight 무게가 가벼운, 경량의
B as well as A A뿐만 아니라 B도 역시
both A and B A와 B 둘 다
either A or B A또는 B
neither A nor B A도 아니고 B도 아닌
take care of 처리하다
no matter how ~ 아무리 어떠한 ~이더라도

사실 나는 요즘 다양한 종류의 기기들을 사용해요. 우선 전화를 걸고 문자도 보내기 위해서 나의 휴대폰을 항상 가지고 다닙니다. 또한 휴대폰으로 일기예보를 확인하고 뉴스 기사를 읽고 음악을 듣기도 하고 인터넷 서핑을 할 수도 있죠. 또 다른 유용한 기기는 나의 노트북 컴퓨터입니다. 그것은 가볍고 가지고 다니기 쉬워요. 내 휴대폰뿐만 아니라 나의 노트북 컴퓨터 또한 지하철에서도 많은 것들을 처리할 수 있도록 도와줍니다. 그 기기들을 가지고 내가 많은 일을 할 수 있기 때문에, 지하철로 어딘가 도착하는 데 시간이 얼마나 오래 걸리든 그저 시간을 낭비하는 건 아니에요.

GRAMMAR IN OPIc

OPIc 모범 답변에 사용된 주요 문법을 문장을 통해 다시 한 번 확인하세요.

1 '어떤 물건 외의 또 다른 하나'를 부정대명사 another로 표현했습니다.

- **Another** useful device is my laptop computer.

2 'B뿐만 아니라 A도 또한'의 의미로 A as well as B 구문을 사용했습니다.

- My laptop computer **as well as** my cell phone helps me.

3 '아무리 ~하더라도'라는 양보의 의미를 no matter how ~ 구문을 사용해 표현했습니다.

- **No matter how long** it takes to get to somewhere by subway, it's not just a waste of time.

> **NOTE**
>
> **to부정사의 부사적 용법**
>
> 형용사 to부정사 : ~하기에 어떠하다
>
> '어떠한' 상태를 나타내는 형용사 뒤에 '~하기에'라는 행위를 의미하는 to부정사를 씁니다. to부정사가 부사의 역할을 하면서 앞에 있는 형용사를 수식하는 것입니다.
>
> **EXAMPLE** It is lightweight and easy to carry.
>
> 그것은 무게가 가볍고 가지고 다니기 쉽습니다.

Power Grammar

1 another, others, the other, the others

other는 '다른 하나의'라는 의미이며, another는 an과 other가 결합되어 '또 다른 하나의'라는 뜻이 됩니다. other나 others 앞에 the가 붙으면 '나머지 전부'를 가리키는 표현입니다.

Two in my family wear glasses and the others don't.
우리 가족 중에서는 두 명이 안경을 쓰고 나머지 가족들은 쓰지 않습니다.

> **UPGRADE TIP**
>
> **부정대명사**
> 두 개인 경우 하나는 one, 다른 하나는 the other로 표현
> 두 개 이상인 경우 첫 번째 것은 one, 두 번째 것은 another, 세 번째 것부터는 서수로 표현(the third, the fourth, the fifth⋯)
> 여러 개인 경우 하나는 one, 나머지 전부는 the others, 나머지 중에서 약간은 others
>
> **EXAMPLE** Judy has two dogs. **One** is Sitzu and **the other** is Chihuahua.
> Judy에게는 개가 두 마리 있습니다. 한 마리는 시추이고 다른 한 마리는 치와와입니다.
>
> **EXAMPLE** I've got several devices. **One** is my smart phone and **another** is my laptop computer. **The others** are also very useful.
> 나는 여러 가지 기기들을 가지고 있습니다. 하나는 내 스마트 폰이고 다른 하나는 노트북 컴퓨터입니다. 나머지 것들도 또한 아주 유용합니다.

2 both A and B, either A or B, neither A nor B, A as well as B

서로 관련 있는 두 개의 요소들을 연결시키는 표현으로, 각 구문의 의미와 함께 구문 뒤에 나오는 동사의 형태도 정확히 알아 두도록 합니다.

구문	동사의 수일치	예문
A as well as B B뿐만 아니라 A도 역시	A에 맞춤	His cell phone **as well as** ours <u>is</u> out of order. 우리 것뿐만 아니라 그의 핸드폰도 고장이 났습니다.
not only A but also B A뿐만 아니라 B도 역시	B에 맞춤	**Not only** students **but also** their teacher <u>wants</u> to see the movie. 학생들뿐만 아니라 그들의 선생님도 그 영화를 보고 싶어합니다.

구문	동사의 형태	예문
both A and B A와 B둘 다	복수 동사	**Both** my sister **and** my brother <u>are</u> students. 내 여동생과 남동생은 둘 다 학생입니다.
either A or B A 또는 B	B에 맞춤	**Either** you **or** she <u>has to</u> do the work. 당신 또는 그녀가 그 일을 해야 합니다.
neither A nor B A도 아니고 B도 아닌	B에 맞춤	**Neither** I **nor** my father <u>does</u> exercises regularly. 나와 우리 아버지는 둘 다 운동을 규칙적으로 하지 않습니다.

3 no matter how 주어+동사

no matter how는 '아무리 ~하더라도'라는 의미로, 'no matter how+형용사/부사+주어+동사' 순서로 씁니다.

No matter how much it costs, I'll buy a car.
가격이 얼마가 되든지, 나는 차를 살 것입니다.

> **UPGRADE TIP**
>
> **양보 부사절의 총정리**
>
> no matter how 주어+동사 = however 주어+동사 : 아무리 ~하더라도
> EXAMPLE **No matter how busy** I am, I exercise every day.
>   나는 아무리 바빠도, 매일 운동을 합니다.
>   = **However busy** I am, I exercise every day.
>
> no matter what 주어+동사 = whatever 주어+동사 : 무엇을 ~하더라도
> EXAMPLE **No matter what** you choose, you will be satisfied.
>   무엇을 선택하더라도 당신은 만족할 겁니다.
>   = **Whatever** you choose, you will be satisfied.
>
> no matter where 주어+동사 = wherever 주어+동사 : 어디서 ~하더라도
> EXAMPLE **No matter where** you go, you will learn anything new.
>   어디에 가더라도, 무엇이든 새로운 것을 배울 수 있을 겁니다.
>   = **Wherever** you go, you will learn anything new.
>
> no matter when 주어+동사 = whenever 주어+동사 : 언제 ~하더라도
> EXAMPLE **No matter when** you come back, everybody will welcome you.
>   당신이 언제 돌아오더라도 모두 당신을 환영할 거예요.
>   = **Whenever** you come back, everybody will welcome you.

SPEAKING POINT

'no matter+의문사' 구문을 사용할 때는 어순에 주의해야 합니다. 'no matter+**의문사 주어+동사**' 순서를 기억하세요. 또한 주어가 3인칭 단수일 경우, 3인칭 단수 동사를 써야 하는 것은 기본이지만 앞부분에 신경 쓰다가 실수하는 경우가 많으므로 주의해야 합니다.

EXAMPLE **No matter how long it takes, I'll finish the project.**
시간이 얼마나 걸리든, 나는 프로젝트를 끝낼 것입니다.

LET'S PRACTICE

앞에서 배운 문법을 활용하여 영어로 문장을 만들어 봅시다.

■ another, others, the other, the others

1. 나는 두 명의 미국인 친구가 있습니다. 그 중 한 명은 캘리포니아 출신이고, 다른 한 명은 뉴저지 출신입니다.

2. 우리 반에서 딱 한 명의 학생만 안경을 썼고, 나머지는 아무도 쓰지 않았습니다.

3. 어머니에게는 세 자매가 있습니다. 한 명은 프랑스, 또 다른 한 명은 캐나다, 나머지 한 명은 독일에 삽니다.

■ both A and B, either A or B, neither A nor B, A as well as B

1. 그 신사들은 둘 다 작년에 결혼했습니다.

2. 안타깝게도 우리 삼촌, 숙모 두 분 다 현재 직업이 없으십니다.

3. 이 식당의 지배인은 단골 손님들의 이름뿐만 아니라 손님이 좋아하는 음식도 기억하고 있습니다.

4. 우리 부모님뿐만 아니라 내 친구들은 가능하면 빨리 내가 한국으로 돌아오기를 바랍니다.

■ no matter how 주어+동사

1 사람들이 나의 외모에 대해 뭐라고 생각하든, 나는 내 자신을 보이는 그대로 사랑합니다. (just the way I look)

2 시간이 얼마나 걸리든, 나는 나에게 가장 맞는 여자를 찾을 때까지 기다릴 것입니다.

3 어디에서 휴가를 보내든, 마음 편하게 당신이 하고 싶었던 일을 즐기세요. (feel free)

ANSWER another, others, the other, the others

1. I have two American friends. One is from California and the other is from New Jersey.
2. Only one student in my class wears glasses and the others don't.
3. My mother has three sisters. One lives in France, another lives in Canada and the third lives in Germany.

both A and B, either A or B, neither A nor B, A as well as B

1. Both of the gentlemen got married last year.
2. Unfortunately, neither my uncle nor my aunt is employed at the moment.
3. The manager of this restaurant remembers regular customers' favorite dishes as well as their names.
4. My friends as well as my parents want me to come back to Korea as soon as possible.

no matter how 주어+동사

1. No matter what people think about my appearance, I love myself just the way I look.
2. No matter how long it takes, I'll wait until I find the best woman for me.
3. No matter where you spend your vacation, feel free to enjoy whatever you've wanted to do.

3 Power Practice

1 Model Answer를 참고하여 아래의 빈칸을 알맞은 말로 채워 보세요.

> my airbook as well as / no matter where / another new device of mine

I think I'm an early adopter. I bought all the new devices right after they came out on the market. Recently I bought a 4G smart phone. Though I'm not used to using all the things that I can do with it, I'm learning how to use it well. _____ is my airbook. Like its name, it's extremely light to carry and handy. Even on the subway, I can check my e-mails or make up a report with my airbook. _____ my 4G smart phone helps me take care of many things on the Internet. _____ I go, I'll carry these two devices to read interesting articles or books and watch movies with them.

ANSWER

I think I'm an early adopter. I bought all the new devices right after they came out on the market. Recently I bought a 4G smart phone. Though I'm not used to using all the things that I can do with it, I'm learning how to use it well. *Another new device of mine* is my airbook. Like its name, it's extremely light to carry and handy. Even on the subway, I can check my e-mails or make up a report with my airbook. *My airbook as well as* my 4G smart phone helps me take care of many things on the Internet. *No matter where* I go, I'll carry these two devices to read interesting articles or books and watch movies with them.

2 빈칸에 주어진 우리말에 해당하는 알맞은 영어 표현을 넣어 보세요.

Actually, I use several kinds of devices nowadays. First of all, I always carry my smart phone with me and I make telephone calls or send text messages with it. I can do a lot of things with my smart phone such as checking my e-mails, reading webtoons, listening to music or watching a movie. ① <u>다른 유용한 기기는 나의 아이팟이다</u>. My iPod is a little bit heavy but I always carry it with me. ② <u>내 스마트폰만이 아니라 내 아이팟도 내가 많은 것을 처리하도록 도와준다 (처리하다: handle)</u>, even on the subway. ③ <u>지하철로 어딘가에 도착하는 데 시간이 얼마나 오래 걸리든</u>, I don't feel tired or bored because I can do a lot of work with them.

ANSWER

① Another useful device is my iPod
② My ipod as well as my smart phone helps me handle many things
③ No matter how long it takes to get somewhere by subway

MY OPIc ANSWER

앞에서 만들어 보았던 나만의 Idea Map과 오늘의 OPIc 모범 답변을 참고하여 요즘 사용하는 기술에 대한 나만의 OPIc 답변을 만들어 봅시다.

사용하는 기기 / 용도

Actually, I use various kinds of devices these days. First of all, I always carry my cell phone with me to make calls and send text messages. I also can check the weather report, read news articles, listen to music and surf the Internet through my cell phone. Another useful device is my laptop computer.

사실 나는 요즘 다양한 종류의 기기들을 사용해요. 우선 전화를 걸고 문자도 보내기 위해서 나의 휴대폰을 항상 가지고 다닙니다. 또한 휴대폰으로 일기예보를 확인하고 뉴스 기사를 읽고 음악을 듣기도 하고 인터넷 서핑을 할 수도 있죠. 또 다른 유용한 기기는 나의 노트북 컴퓨터입니다.

My Answer

특징

It is lightweight and easy to carry.

그것은 가볍고 가지고 다니기 쉬워요.

My Answer

사용 장소

My laptop computer as well as my cell phone helps me to take care of many things even in the subway.

내 휴대폰뿐만 아니라 나의 노트북 컴퓨터 또한 지하철에서도 많은 것들을 처리할 수 있도록 도와줍니다.

My Answer

좋은 점

No matter how long it takes to get to somewhere by subway, it's not just a waste of time since I can do a lot of work with them.

그 기기들을 가지고 많은 일을 할 수 있기 때문에, 지하철로 어딘가에 도착하는 데 시간이 얼마나 오래 걸리든 그저 시간을 낭비하는 건 아니에요.

My Answer

18

업무 설명

1 | to부정사의 수동태

2 | 요청, 명령의 ask, tell+to부정사

3 | 소요 시간을 나타내는 take+시간+to부정사

Power OPIc

직장인들에게는 자신의 업무를 설명하라는 문제가 자주 출제됩니다. 업무를 설명할 때에는 이것저것 생각나는 대로 두서없이 자신의 업무를 나열하기보다는, 주요업무 또는 업무 중 가장 좋아하는 부분을 중심으로 설명하거나 하루의 일과 글 시간순으로 설명해야 체계적으로 내용을 구성할 수 있습니다.

IDEA MAP

나의 업무를 설명할 때는 어떤 내용이 들어가야 할까요? 오늘의 OPIc 문제에 대한 Idea Map을 확인한 후, 나만의 Idea Map을 만들어봅시다.

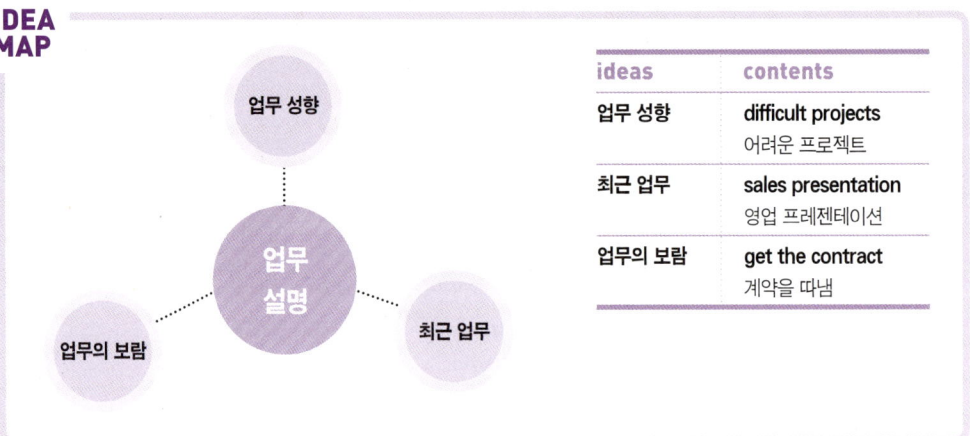

ideas	contents
업무 성향	difficult projects 어려운 프로젝트
최근 업무	sales presentation 영업 프레젠테이션
업무의 보람	get the contract 계약을 따냄

MY IDEA MAP

ideas	contents

TODAY'S OPIc

OPIc 문제와 모범 답변으로 오늘 배울 문법을 확인하세요.

Q Tell me what your favorite work assignment or favorite thing to do at work is. Describe how you do that assignment as well.

당신이 가장 좋아하는 업무에 대해 말해 주세요. 또한 어떻게 그 일을 하는지 설명해 주세요.

MODEL ANSWER

업무 성향 I like **to be challenged** at work. My boss understands this, so he often **tells me to work** on more difficult projects. He's happy about that too, because many other workers in our office don't like to do more difficult things. Recently, 최근 업무 my boss **asked me to put together** a huge sales presentation to give to a potential client. **It took me over a week** to put it all together, but when it was all done, it was quite good. In fact, 업무의 보람 it helped us get the contract with that company!

Words & Expressions
challenge 도전하다
work on
sales presentations 영업 프레젠테이션
potential 잠재적인, 가능성이 있는
in fact 사실은
contract 계약
get the contract 계약을 따내다, 계약을 성사시키다

나는 직장에서 도전 받는 것을 좋아합니다. 내 상사는 이런 점을 이해하고 자주 나에게 더 어려운 프로젝트 일을 하라고 하시죠. 그도 그렇게 하는 걸 좋아하는데, 우리 사무실의 다른 많은 직원들은 더 어려운 일을 하는 것을 좋아하지 않기 때문입니다. 최근에 내 상사는 나에게 잠재적인 고객을 대상으로 하는 큰 규모의 영업 프레젠테이션을 준비하라고 하셨어요. 모든 것을 준비하는 데 일주일이 넘게 걸렸지만, 끝났을 때는 꽤 좋았죠. 사실 덕분에 그 회사와의 계약을 따낼 수 있었습니다.

GRAMMAR IN OPIc

OPIc 모범 답변에 사용된 주요 문법을 문장을 통해 다시 한 번 확인하세요.

1 to부정사의 수동태를 사용하여 주어가 어떠한 행동의 대상이 되는 상황을 표현했습니다.

- I like **to be challenged** at work.

2 다른 사람에게 무엇을 부탁하거나 하라고 시키는 상황을 ask, tell+목적어+to부정사로 표현했습니다.

- He often **tells me to work** on more difficult projects.
- My boss **asked me to put together** a huge sales presentation.

3 어떤 일을 할 때 시간이 얼마나 걸리는지 설명하기 위해 동사 take를 사용했습니다.

- **It took me over a week** to put it all together.

Power Grammar

1 to부정사의 수동태

to부정사가 '~하는 것, ~하기'의 의미로 명사처럼 쓰일 수 있다는 것은 앞에서 공부한 바 있습니다. 그렇다면 직접 행동하는 것이 아니라 어떠한 행동을 당하는 것, 즉 수동의 의미는 어떻게 해야 할까요? 동사의 수동형 be p.p. 앞에 to를 붙이면 됩니다. to부정사가 나타내는 행위의 대상이 되는 것이므로 그러한 상황에 처해 있다는 의미입니다.

I like to help my colleagues.
나는 동료들을 돕는 것을 좋아합니다. (능동의 의미를 가진 to부정사)

I need to be helped by my colleagues.
나는 동료들의 도움을 받을 필요가 있어. (수동의 의미를 가진 to부정사)

또한, 수동의 to부정사도 단순 to부정사와 마찬가지로 명사역할도 할 수 있고, 명사를 뒤에서 수식해 주는 형용사 역할도 할 수 있습니다.

명사적 용법

She didn't want to be blamed by anyone.
그녀는 누구에게도 비난받고 싶지 않았습니다.

형용사적 용법

There are lots of problems to be solved.
해결되어야 할 문제가 많습니다.

2 요청, 명령을 나타내는 ask, tell+to부정사

다른 사람에게 무엇을 요청하거나 명령할 때 ask, tell, order, require 등의 동사 다음에 요청/부탁할 사람을 목적어로 쓰고 나서 요청하는 내용을 to부정사로 덧붙이면 됩니다. '~에게 ~해달라고 부탁하다, 말하다, 명령하다, 요구하다'의 의미가 됩니다.

> ask 요청하다
> tell 말하다
> order 명령하다
> require 요구하다
>
> +목적어+to부정사

My professor asked me to help her with her work.
교수님이 나에게 일을 도와달라고 말씀하셨습니다.

The judge ordered her to pay a large fine.
판사는 그녀에게 막대한 벌금을 내도록 명령했습니다.

My boss told me to rewrite the report.
나의 상사가 나에게 보고서를 다시 쓰라고 했습니다.

3 소요 시간을 나타내는 take+시간+to부정사

어떤 행동을 하는 데 얼마만큼의 시간이 걸리는지 나타내려면 동사 take을 사용하여 'It takes+시간+to부정사 (~하는 데 시간이 걸리다)'라고 하면 됩니다. 과거의 일이라면 take의 과거형 took을, 미래의 일이라면 will take을 씁니다.

현재 **It takes two hours to get** there.
그 곳에 도착하는 데 2시간이 걸립니다.

과거 **It took two hours to get** there.
그 곳에 도착하는 데 2시간이 걸렸습니다.

미래 **It will take two hours to get** there.
그 곳에 도착하는 데 2시간이 걸릴 것입니다.

행위자를 나타내고 싶다면 'It takes+사람+시간+to부정사'로 표현합니다. 아래 두 문장을 비교해 보세요.

It takes three hours to finish the assignment.
그 과제를 마치는 데 3시간이 걸립니다. (일반적으로 그렇다는 의미가 강함)

It takes me three hours to finish the assignment.
내가 그 과제를 마치는 데 3시간이 걸립니다. (다른 사람들은 3시간이 걸리지 않을 수도 있음)

LET'S PRACTICE

앞에서 배운 문법을 활용하여 영어로 문장을 만들어 봅시다.

■ **to부정사의 수동태**

1 나는 가끔씩 나의 발전을 위해서(for my improvement) 도전을 받을 필요가 있습니다.

2 바로 수리되어야 할 기계(mechanical devices)가 Larry의 집에 몇 개 있습니다.

3 그의 상사는 그에게 몇 장이 복사되어야 하는지 말해주지 않았습니다.

■ **요청, 명령을 나타내는 ask / tell + to부정사**

1 Jenny의 아버지는 항상 그녀에게 후회하지 않기 위해서 최선을 다하라고 말씀하십니다. (tell)

2 가끔씩 어머니는 나에게 장을 좀 봐오라고 말씀하십니다. (ask)

3 나의 부모님은 내가 즐길 수 있는 것을 하길 원하십니다.

■ **소요 시간을 나타내는 take + 시간 + to부정사**

1 그가 잠이 드는 데는 일 분도 걸리지 않았습니다. (fall asleep)

2 차로 그 도시까지 가는 데 그들이 예상했던 것보다 더 걸렸습니다.

3 내 일을 다 끝내는 데 시간이 얼마나 걸릴지 모르겠어요.

....

ANSWER **to부정사의 수동태**

1. Sometimes I need to be challenged for my improvement.
2. Larry has several mechanical devices in his house to be fixed right away.
3. His boss didn't tell him how many pages have to be copied.

요청, 명령을 나타내는 ask/tell+to부정사

1. Jenny's father always tells her to do her best not to have regrets.
2. From time to time my mother asks me to do some grocery shopping.
3. My parents want me to do something that I can enjoy.

소요 시간을 나타내는 take+시간+to부정사

1. It took him less than a minute to fall asleep.
2. It took longer than they expected to get to the city by car.
3. I have no idea how long it will take to finish my work.

Power Practice

1 Model Answer를 참고하여 아래의 빈칸을 알맞은 말로 채워 보세요.

> takes a lot of time to finish / to take care of many things / to be checked out and managed

Honestly, I prefer working alone to working in a team. But my projects require me _____ with my colleagues. Because it _____ a big project, everything needs _____ by more than one person.

ANSWER

Honestly, I prefer working alone to working in a team. But my projects require me to take care of many things with my colleagues. Because it takes a lot of time to finish a big project, everything needs to be checked out and managed by more than one person.

2 빈칸에 주어진 우리말에 해당하는 알맞은 영어 표현을 넣어 보세요.

I like ① 도전 받는 것 _____ when I work. I'm very motivated ② 내가 도전을 받을 때 _____. Sometimes my boss ③ 나에게 어떤 일을 맡으라고 한다 _____. Last month, he ④ 나에게 ~ 작업을 하라고 말했다 _____ an important business presentation. ⑤ 내가 모든 것을 준비하는 데 한 달 이상 걸렸다 _____. Though it was not an easy job, I enjoyed it.

ANSWER

① to be challenged
② when I am challenged
③ tells me to take charge of something
④ told me to work on
⑤ It took me over a month to prepare for everything

MY OPIc ANSWER

앞에서 만들어 보았던 나만의 Idea Map과 오늘의 OPIc 모범 답변을 참고하여 직장에서의 업무를 설명하는 나만의 OPIc 답변을 만들어 봅시다.

업무 성향

I like to be challenged at work. My boss understands this, so he often tells me to work on more difficult projects. He's happy about that too, because many other workers in our office don't like to do more difficult things.

나는 직장에서 도전 받는 것을 좋아합니다. 내 상사는 이런 점을 이해하고 자주 나에게 더 어려운 프로젝트 일을 하라고 하시죠. 그도 그렇게 하는 걸 좋아하는데, 우리 사무실의 다른 많은 직원들은 더 어려운 일을 하는 것을 좋아하지 않기 때문입니다.

My Answer

최근 업무

Recently, my boss asked me to put together a huge sales presentation to give to a potential client.

최근에 내 상사는 나에게 잠재적인 고객을 대상으로 하는 큰 규모의 판매 전략 발표를 준비하라고 하셨어요.

My Answer

업무의 보람

It took me over a week to put it all together, but when it was all done, it was quite good. In fact, it helped us get the contract with that company.

모든 것을 준비하는 데 일주일이 넘게 걸렸지만, 끝났을 때는 꽤 좋았죠. 사실 덕분에 그 회사와의 계약을 따낼 수 있었습니다.

My Answer

19

운동, 스포츠

GRAMMAR POINTS

1 | 4형식 문장과 3형식 문장

2 | 사역동사

3 | 간접화법

Power OPIc

운동에 대한 문제는 Background Survey에서 운동을 전혀 하지 않는다고 응답한 경우에도 돌발 질문으로 출제될 수 있습니다. 좋아하는 운동은 무엇인지, 주로 어떤 운동을 어디에서 누구와 함께 하는지, 그 운동을 하는 이유, 그 운동의 장점, 그리고 그 운동의 규칙까지도 간단히 설명할 수 있도록 준비하는 것이 좋습니다. 좋아하는 운동이나 스포츠를 정해 놓고 답변을 준비하면 시험장에서 덜 긴장이 됩니다. 19장에서는 수영을 좋아하는 경우를 다루어 보겠습니다.

IDEA MAP

운동 경험을 얘기할 때는 어떤 내용이 들어가야 할까요? 오늘의 OPIc 문제에 대한 Idea Map을 확인한 후, 나만의 Idea Map을 만들어 봅시다.

IDEA MAP

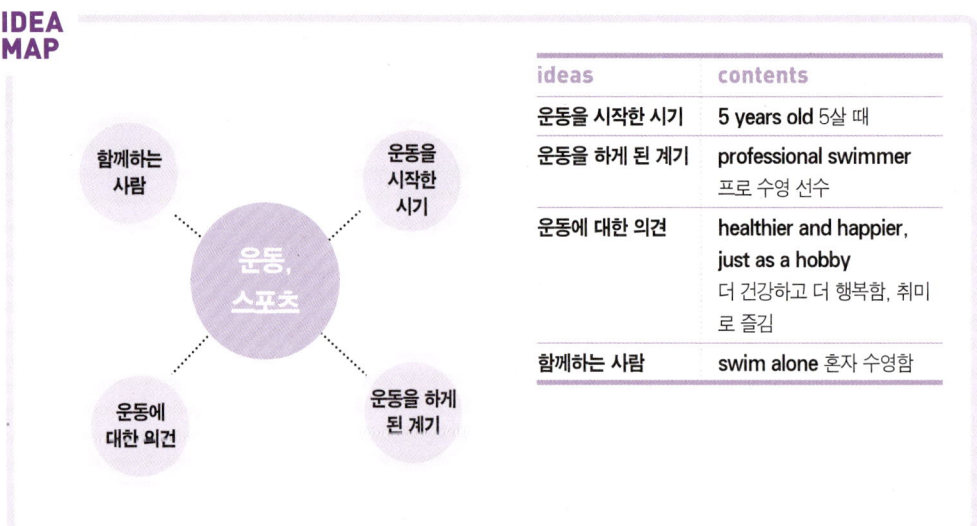

ideas	contents
운동을 시작한 시기	**5 years old** 5살 때
운동을 하게 된 계기	**professional swimmer** 프로 수영 선수
운동에 대한 의견	**healthier and happier, just as a hobby** 더 건강하고 더 행복함, 취미로 즐김
함께하는 사람	**swim alone** 혼자 수영함

MY IDEA MAP

ideas	contents

TODAY'S OPIc

OPIc 문제와 모범 답변으로 오늘 배울 문법을 확인하세요.

Q You indicated in the survey that you enjoy swimming. Please tell me when you began to swim, why you like swimming, and with whom you usually go swimming.

당신은 설문에서 수영을 좋아한다고 했습니다. 언제 수영을 시작했고, 왜 수영을 좋아하는지, 주로 누구와 함께 가는지 말해주세요.

MODEL ANSWER

I started swimming [운동 시작 시기] when I was 5 years old. At first, [운동 시작 시기] my mother **made me learn** swimming because she wanted me to become a professional swimmer. She **bought** an expensive swimsuit **for** me, and encouraged me to participate in swimming competition. But being a swimmer was not what I wanted. So, [운동에 대한 의견] I **told** her I **would enjoy** swimming just as my hobby instead of having it as my profession. Now swimming is my favorite hobby which **makes me feel** much healthier and happier. [함께하는 사람] Though I want to go swimming with my friends, as my schedule is quite irregular, it's better for me to swim alone anytime I can.

Words & Expressions
- **professional** 직업적인, 프로의
- **profession** 직업
- **swimsuit** 수영복
- **encourage** 격려하다
- **competition** 경쟁, 시합
- **instead of** ~대신에
- **irregular** 불규칙인
- **regular** 규칙적인
- **anytime** 언제든지

나는 다섯 살에 수영을 시작했어요. 처음에 어머니는 내가 프로 수영선수가 되길 원했기 때문에 나에게 수영을 배우도록 시키셨죠. 어머니는 내게 비싼 수영복을 사주셨고, 수영대회에 나가라고 격려해 주셨습니다. 하지만 수영선수가 되는 것은 내가 원하는 게 아니었어요. 그래서 나는 어머니께 직업으로 수영을 하는 대신 그냥 취미로 하고 싶다고 얘기했습니다. 지금은 수영이 내가 가장 좋아하는 취미이고, 수영은 나를 훨씬 더 건강하고 행복하게 해 줘요. 내 친구들과 함께 수영하러 가고 싶긴 하지만 내 일정은 꽤 불규칙하기 때문에 할 수 있을 때 혼자 가는 것이 더 낫습니다.

GRAMMAR IN OPIc

OPIc 모범 답안에 사용된 주요 문법을 문장을 통해 다시 한 번 확인하세요.

1 buy, make 같은 동사와 함께 알맞은 전치사를 사용하여 누가 무엇을 사주었거나 만들어 주었는지를 설명했습니다.

- She **bought** an expensive swimsuit **for** me.

2 have, make와 같은 사역동사를 사용하여 누가 무엇을 하도록 시킨다는 의미를 표현했습니다.

- My mother **made me learn** swimming.
- Now swimming is my favorite hobby which **makes me feel** much healthier and happier.

3 다른 사람이 말한 내용을 간접화법 형태로 전달하고 있습니다.

- I **told** her **(that)** I **would enjoy** swimming just as my hobby.
- = I **said to** her, "I **will enjoy** swimming just as my hobby."

> **NOTE**
>
> **사역동사 have, make, let**
> 사역동사는 '누가 어떤 행동을 하도록 시키다 / 만들다' 라는 의미를 나타냅니다. 비슷한 의미로 누구에게 무엇을 하도록 명령하거나 부탁할 때 ask, tell, want 등을 쓸 수 있지만, 목적어 다음에 오는 형태에 차이가 있습니다. ask, tell, want는 목적어 뒤에 to부정사가 오지만, 사역동사 have, make, let은 목적어 뒤에 동사원형이 옵니다.
>
> ask / tell / want + 사람 + to부정사
> **EXAMPLE** My boss told me **to be** punctual.
>   상사가 나에게 시간을 잘 지키라고 말했습니다.
>
> have / make / let + 사람 + 동사원형
> **EXAMPLE** My boss makes me **overwork** every day.
>   나의 상사는 내가 매일 야근을 하게 합니다.

Power Grammar

1. 4형식 문장과 3형식 문장

수여동사는 4형식과 3형식으로 사용될 수 있습니다.

(1) 4형식 문장

4형식 문장은 '주어＋동사＋간접목적어(I.O:~에게)＋직접목적어(D.O: ~을, 를)'의 형태입니다.

<u>My father</u> <u>gave</u> <u>me</u> <u>a swimsuit.</u>
　　S　　　 O　 I.O　　 D.O

아버지는 나에게 수영복을 주셨습니다.

(2) 3형식 문장

3형식 문장은 '주어＋동사＋직접목적어(D.O: ~을, 를)＋전치사＋간접목적어(I.O:~에게)'의 형태입니다. 목적어의 순서도 4형식 문장과 다르지만, 3형식 문장은 간접목적어 앞에 동사에 따라 알맞은 전치사를 넣어야 한다는 차이점이 있습니다.

<u>My father</u> <u>gave</u> <u>a swimsuit</u> **to** <u>me.</u>
　　S　　　 O　　 D.O　　　　 I.O

아버지는 나에게 수영복을 주셨습니다.

> **NOTE**
>
> **수여동사**
>
> 누구에게 무엇을 주거나(give), 말하거나(tell), 사 주거나(buy), 만들어 주는(make) 등 주로 '누군가에게 어떤 행위를 해 준다'는 의미를 가진 동사들을 수여동사라고 합니다.

(3) 4형식 문장을 3형식으로 전환하기

앞서 본 바와 같이 '수여동사'의 4형식과 3형식 문장은 의미는 같아도 어순 및 전치사의 쓰임에서 차이가 있습니다. 또, 동사에 따라 어떤 전치사를 써야 하는지 반드시 알아야 문장 형식을 올바르게 바꾸어 쓸 수 있습니다.

4형식　My father gave me a swimsuit.
　　　　　 S　　　 O　 I.O　 D.O

3형식　My father gave a swimsuit **to** me.
　　　　　 S　　　 O　　 D.O　　　 I.O

수여동사의 종류에 따른 전치사

to를 쓰는 동사 : teach, tell, give, send, show, lend, sell 등 누군가에게 무엇을 건네주는 의미가 강한 동사

EXAMPLE He taught me math.
= He taught math **to** me.
그는 나에게 수학을 가르쳤습니다.

EXAMPLE She told me the truth.
= She told the truth **to** me.
그녀는 나에게 사실을 말해줬습니다.

for를 쓰는 동사 : buy, make, get, find, cook, choose, do 등 누군가를 위해 어떤 행동을 한다는 의미가 강한 동사

EXAMPLE My mother bought me a swimsuit.
= My mother bought a swimsuit **for** me.
나의 어머니는 나에게 수영복을 사 주셨습니다.

EXAMPLE I make my family a delicious cake.
= I make a delicious cake **for** my family.
나는 가족들에게 맛있는 케이크를 만들어 줍니다.

of를 쓰는 동사 : ask, inquire 등 누군가에게서 질문의 답변을 끌어낸다는 의미가 강한 동사

EXAMPLE I asked him a question.
= I asked a question **of** him.
나는 그에게 질문을 하나 했습니다.

2 사역동사

사역동사는 누가 무엇을 하게 시키거나, 할 수 있게 허락해 준다는 의미를 가진 동사를 말하며, make(시키다, ~하게 하다), have(시키다, ~하게 하다), let(~할 수 있게 허락하다)이 있습니다.
사역동사는 목적어 다음에 동사의 원형(원형부정사)을 씁니다.

Walking makes me feel refreshed.
걷기는 나를 상쾌한 느낌이 들게 합니다.

My father finally let me learn how to play the drum.
아버지는 마침내 내가 드럼을 배울 수 있도록 허락하셨습니다.

3 간접화법

다른 사람이 한 말을 내가 간접적으로 전달하는 것을 간접화법이라고 합니다. 예를 들면 'Jane은 Tom이 아프다고 말했다(Jane said Tom was sick.)' 같은 문장이 되겠죠.
간접화법은 전달하는 말이 평서문일 때, 의문문일 때, 명령문일 때 동사를 어떻게 바꾸어 쓸 것인지, 그리고 전달하는 말의 주어와 동사, 시제를 문맥에 맞게 적절히 변형할 수 있어야 합니다.

(1) 평서문을 전달할 때 간접화법 규칙

:: **연결어** : that 이하에 전달할 내용을 붙여 말한다. 이 때 that은 생략할 수 있다.
:: **동사 변형** : 전달동사의 종류에 따라 간접화법에서도 형태가 달라진다.
:: **시제 변형** : 동사의 시제가 과거형이면 큰 따옴표 안에 있는 문장(전달하고자 하는 내용)의 시제가 현재형이었던 것을 간접화법에서는 과거형으로 바꿔준다.

직접화법 전달동사	간접화법 전달동사	직접화법 → 간접화법 변형
say	say	He says, "I am cold." → He says he is cold. 주어 및 동사를 문맥에 맞게 변경
said	said	Bob said, "I can speak French." → Bob said he could speak French. 주어 및 시제를 문맥에 맞게 변경
say to	tell	Liz says to James, "I can't understand you." → Liz tells James (that) she can't understand him. 주어를 문맥에 맞게 변경 / 목적어를 문맥에 맞게 변경
said to	told	I said to my mother, "I don't want to go there." → I told my mother (that) I didn't want to go there. 시제를 문맥에 맞게 변경

(2) 의문문을 전달할 때 간접화법 규칙

의문사가 있는 경우

의문사를 그대로 쓰고 주어, 동사의 순서로 연결하되, 문맥에 맞게 주어, 목적어 및 시제를 변경한다

직접화법 전달동사	간접화법 전달동사	직접화법 → 간접화법 변형
say, say to, ask	say	Jane asked me, "What time is it?" → Jane asked me what time it was. 시제를 문맥에 맞게 변경

의문사가 없는 경우

If나 whether를 쓰고 주어, 동사의 순서로 연결하되, 문맥에 맞게 주어 및 시제를 변경한다

직접화법 전달동사	간접화법 전달동사	직접화법 → 간접화법 변형
say, say to, ask	say	A foreigner asked me, "Do you speak English?" → A foreigner asked me whether I spoke English. 주어와 시제를 문맥에 맞게 변경

(3) 명령문을 전달할 때 간접화법 규칙

긍정명령문은 'to + 동사원형', 부정명령문은 'not to + 동사원형'의 형태로 변형한다.

긍정명령문

My swimming instructor always tells me, "**Practice** more!"

→ My swimming instructor always tells me **to practice** more.

수영 선생님은 항상 나에게 연습을 더 하라고 합니다.

부정명령문

He told his son, "**Don't speak** with your mouth full."

→ He told his son **not to speak** with his mouth full.

그는 그의 아들에게 입 안에 음식이 든 채로 말하지 말라고 했습니다.

LET'S PRACTICE

앞에서 배운 문법을 활용하여 영어로 문장을 만들어 봅시다.

■ 4형식 문장과 3형식 문장

1 나는 부모님을 위해 사과파이를 만들었습니다.

2 Brian은 Jenny에게 이메일을 보냈습니다.

3 Dave는 엄마에게 수많은 질문을 합니다.

■ 사역동사

1 물을 너무 많이 마시는 것은 나를 불편하게 만듭니다. (uncomfortable)

2 내가 어렸을 때 우리 아버지는 아침마다 아버지의 구두를 닦으라고 시키곤 하셨습니다. (shine his shoes)

3 마침내, Sam의 어머니는 그가 연기 수업에 등록하도록 허락하셨습니다.

■ 간접화법

1 나의 조카(niece)가 나에게 왜 자기 선물을 안 사느냐고 물었습니다.

2 나는 결론에 도달하기 위해서는(reach the conclusion) 우리에게 시간이 더 필요하다고 말했습니다.

3 그의 선생님은 그에게 정직이 최선이라고 항상 말씀하십니다.

ANSWER 4형식 문장과 3형식 문장

1. I made an apple pie for my parents.
   = I made my parents an apple pie.
2. Brian sent an e-mail to Jenny.
   = Brian sent Jenny an e-mail.
3. Dave asks a lot of questions of his mother.
   = Dave asks his mother a lot of questions.

사역동사

1. Drinking too much water makes me feel uncomfortable.
2. When I was young, my father used to have me shine his shoes every morning.
3. Finally, Sam's mother let him sign up for an acting class.

간접화법

1. My niece asked me why I didn't buy a present for her.
2. I said that we needed more time to reach the conclusion.
3. His teacher always tells him that honesty is the best policy.

Power Practice

1 Model Answer를 참고하여 아래의 빈칸을 알맞은 말로 채워 보세요.

> swimming makes me energetic / me important life skills such as time management / feel healthy

I started to swim three years ago. Before learning how to swim, I was afraid of the water. But now I enjoy swimming, and it makes me _____. My friends say _____. And another good thing about swimming is swimming teaches _____.

ANSWER

I started to swim three years ago. Before learning how to swim, I was afraid of the water. But now I enjoy swimming, and it makes me feel healthy. My friends say swimming makes me energetic. And another good thing about swimming is swimming teaches me important life skills such as time management.

2 빈칸에 주어진 우리말에 해당하는 알맞은 영어 표현을 넣어 보세요.

When I was young, my mother ①내가 스케이트를 배우도록 만들었다 because ②그녀는 내가 ~가 되기를 원했다 an ice skater. She ③~에게 좋은 스케이트화를 사주었다 me, and I fortunately met a good teacher. ④그는 나에게 많은 것을 가르쳤다.
He used to say ⑤나는 좋은 스케이트 선수가 될 수 있을 거라고.
I enjoyed skating and it ⑥내가 아이스링크에서 많은 시간을 보내게 만들었다.

ANSWER

① made me learn ice skating
② she wanted me to become
③ bought nice skate shoes for
④ He taught me a lot of things
　= He taught a lot of things to me
⑤ I could be a good skater
⑥ made me spend a lot of time on the ice rink

MY OPIc ANSWER

앞에서 만들어 보았던 나만의 Idea Map과 오늘의 OPIc 모범 답변을 참고하여 운동 경험을 소개하는 나만의 OPIc 답변을 만들어 봅시다.

운동을 시작한 시기

I started swimming when I was 5 years old.
나는 다섯 살에 수영을 시작했어요.

My Answer

운동을 하게된 계기

At first, my mother made me learn swimming because she wanted me to become a professional swimmer. She bought an expensive swimsuit for me, and encouraged me to participate in swimming competition.
처음에 어머니는 내가 프로 수영선수가 되길 원했기 때문에 나에게 수영을 배우도록 시키셨죠. 어머니는 내게 비싼 수영복을 사주셨고, 수영대회에 나가라고 격려해 주셨습니다.

My Answer

운동에 대한 의견

But being a swimmer was not what I wanted. So, I told her I would enjoy swimming just as my hobby instead of having it as my profession. Now swimming is my favorite hobby which makes me feel much healthier and happier.
하지만 수영선수가 되는 것은 내가 원하는 게 아니었어요. 그래서 나는 어머니께 직업으로 수영을 하는 대신 그냥 취미로 하고 싶다고 얘기했습니다. 지금은 수영이 내가 가장 좋아하는 취미이고, 수영은 나를 훨씬 더 건강하고 행복하게 해줘요.

My Answer

함께 하는 사람

Though I want to go swimming with my friends, as my schedule is quite irregular, it's better for me to swim alone anytime I can.

내 친구들과 함께 수영하러 가고 싶긴 하지만 내 일정은 꽤 불규칙하기 때문에 할 수 있을 때 혼자 가는 것이 더 낫습니다.

My Answer

시골 묘사

GRAMMAR POINTS

1 | 우등비교와 열등비교

2 | 계속적 용법의 관계부사

3 | 명사를 꾸며주는 현재분사

1 Power OPIc

시골에 대한 질문은 돌발 질문으로 계속 출제되어 왔으며, New OPIc이 3단 콤보 위주로 출제되는 경향이 강해지면서 시골에 대한 다양한 답변을 미리 준비해 둘 필요가 높아졌습니다. 시골에 대한 문제는 풍경 묘사, 시골에서 하는 일, 시골 사람과 도시 사람의 비교, 농부에 대한 설명 등 다양하게 출제될 수 있으며, 미리 준비해 두지 않으면 막상 시험장에서 당황할 수도 있습니다. 20장에서는 시골의 자연과 시골 사람들을 설명하는 답변을 집중적으로 다루도록 하겠습니다.

IDEA MAP

시골에 대한 이야기를 할 때는 어떤 내용이 들어가야 할까요? 오늘의 OPIc 문제에 대한 Idea Map을 확인한 후, 나만의 Idea Map을 만들어 봅시다.

IDEA MAP

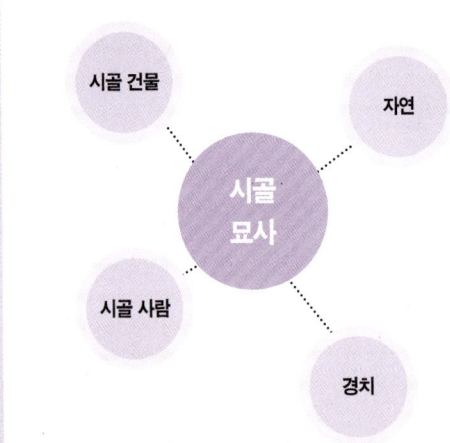

ideas	contents
시골 건물	**not crowded, no high-rise** 붐비지 않는, 고층 빌딩 없음
자연	**less polluted, clean and fresh air** 덜 오염됨, 깨끗하고 상쾌한 공기
경치	**mountainous, farmland** 산이 많은, 산지의 농경지
시골 사람	**warm-hearted, relaxed and happier** 따뜻한 마음, 더 여유롭고 행복함

MY IDEA MAP

ideas	contents

TODAY'S OPIc

OPIc 문제와 모범 답변으로 오늘 배울 문법을 확인하세요.

 Q **Tell me what the countryside in your country looks like. What are people like there and how different are they from those who live in cities?**

당신 나라에서는 시골이 어떤 모습인지 말씀해 주십시오. 그곳에 사는 사람들은 어떻고, 도시에 살고 있는 사람들과는 어떻게 다른가요?

MODEL ANSWER

The countryside in Korea is quite different from the cities in many ways. First of all, 시골 건물 there are no high-rise buildings and it is not crowded at all. Since the towns are **less polluted** than cities, 자연 the air is much **cleaner** and **fresher** and you can see so many glittering stars in the crystal clear sky at night. 경치 It's made up of mountainous landscapes and farmland, **where** you can see various crops or cattle. 시골 사람 Most people **living in the countryside** are friendly and warm-hearted. And they are different from those living in the urban area in that they look much **more relaxed** and **happier**.

Words & Expressions

different from ~와는 다른
high-rise 고층의
polluted 오염된
　pollute 오염시키다
glittering 반짝이는
crystal clear 수정처럼 맑은
be make up of ~로 구성된
mountainous 산이 많은, 산지의
farmland 농경지
crops 농작물
cattle 가축
in that ~라는 점에서
warm-hearted 따뜻한 마음의

한국의 시골은 도시들과는 여러 가지 면에서 꽤 다릅니다. 우선 고층 건물들이 없고 전혀 붐비지 않아요. 시골 마을들은 도시보다 덜 오염되었기 때문에 공기가 훨씬 더 깨끗하고 상쾌합니다. 그리고 밤에는 수정처럼 맑은 하늘에서 반짝이는 별들을 아주 많이 볼 수 있어요. 시골은 산악 지형과 다양한 농작물이나 가축들을 볼 수 있는 농경지로 구성되어 있죠. 시골에 살고 있는 대부분의 사람들은 친절하고 마음이 따뜻해요. 그리고 그들은 훨씬 더 여유롭고 행복해 보인다는 점에서 도시 지역에 사는 사람들과는 다릅니다.

GRAMMAR IN OPIc

OPIc 모범 답변에 사용된 주요 문법을 문장을 통해 다시 한 번 확인하세요.

1 무엇이 어떤 것보다 덜하다는 의미의 열등비교, 더하다는 의미의 우등비교를 사용했습니다.

- The towns are **less polluted** than cities.
- The air is much **cleaner** and **fresher**.
- They look much **more relaxed** and **happier**.

2 관계부사 where의 계속적 용법을 사용하여 장소를 나타내는 명사도 수식하여, 말이 자연스럽게 이어지는 느낌을 주고 있습니다.

- It's made up of mountainous landscapes and farmland, **where** you can see various crops or cattle.

3 현재분사(~ing)가 명사를 수식하고 있습니다.

- Most people **living in the countryside** are friendly and warm-hearted.

Power Grammar

1 우등비교와 열등비교

(1) 우등비교와 열등비교

A와 B를 비교하는 방법은 우등비교와 열등비교가 있습니다. 우등비교는 'A가 B보다 더 ~하다'는 의미로 형용사 끝에 -er을 붙이거나 형용사 앞에 more를 써서 나타냅니다. 열등비교는 'A가 B보다 덜 ~하다' 라는 의미로, 형용사 앞에 less를 붙여 표현합니다.

우등비교 She is **taller than** her mother.
그녀는 그녀의 어머니보다 키가 더 큽니다.

열등비교 This chair is **less** comfortable **than** that one.
이 의자는 저것보다 덜 편안합니다.

(2) 형용사의 비교급

우등비교를 나타내는 형용사의 비교급 형태는 보통 형용사 끝에 ~er을 붙여서 만들지만, 특정 형용사들은 형용사 앞에 more를 붙여야 합니다. 다음 표는 more를 붙여서 비교급을 나타내는 형용사의 종류를 정리한 것입니다.

3음절 이상의 형용사	important, fortunate, diligent, difficult
-ful, -ive, -ish, -ing, -ous, -ed로 끝나는 형용사	wonderful, imaginative, selfish, interesting, generous, excited
a-로 시작하는 서술적 형용사	afraid

2 계속적 용법의 관계부사

(1) 관계부사

장소(place), 방법(way), 시간(time), 이유(reason)의 의미를 가진 선행사는 관계부사 where(장소), how(방법), when(시간), why(이유) 다음에 주어와 동사를 붙여 수식할 수 있습니다.

This is the room **where** he was born.

이 곳이 그가 태어난 방입니다. (장소)

This is (the way) **how** I solved the problem.

이것이 내가 그 문제를 해결한 방법입니다. (방법)

Tomorrow is the day **when** I have a day off.

내일은 내가 휴가 가는 날입니다. (시간)

I don't know (the reason) **why** I failed.

나는 내가 왜 실패했는지 알 수가 없다. (이유)

> **UPGRADE TIP**
> 관계부사 how는 선행사 the way와 함께 쓰지 않고 주로 how나 the way 둘 중 하나만 씁니다. 이유를 설명하는 관계부사 why도 선행사 the reason과 함께 쓰지 않고 주로 why나 the reason 둘 중 하나만 씁니다. 사전에는 the reason why, the way how를 사용한 예문들이 많이 있지만, 현대 영어에서는 점점 이와 같은 용례가 줄어들고 있는 추세입니다.

(2) 관계부사의 계속적 용법

관계부사 앞에 comma(,)를 붙이면 관계부사가 '접속사+부사'의 의미를 가지는 계속적 용법이 됩니다. 이 때 해석은 문장의 처음부터 순서대로 하며, 문맥에 알맞은 접속사를 넣어 자연스럽게 해석하면 됩니다.

He moved to Seattle, **where** he opened a restaurant.
= He moved to Seattle, **and there** he opened a restaurant.

그는 시애틀로 이사를 했고, 거기에서 식당을 열었습니다.

> **UPGRADE TIP**
> 모든 관계부사를 계속적 용법으로 쓸 수 있는 것은 아닙니다. 장소를 나타내는 where와 시간을 나타내는 when만 계속적 용법으로 쓰입니다.
> **EXAMPLE** This is the way, how I solved the problem.(X)
> → This is (the way) how I solved the problem.(O)

3 명사를 꾸며주는 현재분사

동사의 현재분사(~ing) 형태는 명사를 수식하는 형용사 역할을 할 수 있습니다. 이 때 해석은 '~하는' 혹은 '~하고 있는'이라고 해석합니다. 현재분사 하나만으로 명사를 수식할 때에는 명사 앞에, 현재분사가 다른 말을 수반할 때는 수식하는 명사 뒤에 위치합니다. 이 용법은 7장에서 공부한 과거분사의 형용사적 용법과 동일하므로 함께 연관지어 공부해야 합니다.

She stared at the **flying** bird.

그녀는 날아가고 있는 새를 빤히 쳐다보았습니다.

The boy **leaning** against the wall is my brother.

벽에 기대 있는 소년은 나의 형제입니다.

UPGRADE TIP

형용사로 사용되는 과거분사와 현재분사의 의미 차이

7장에서도 한 번 정리한 바 있지만, 과거분사와 현재분사는 형용사 역할을 할 때 다음과 같은 의미 차이가 있습니다.

현재분사 : 능동적 의미 (~하는, ~하고 있는)
EXAMPLE I can see many people **smiling** brightly.
나는 많은 사람들이 밝게 미소 짓고 있는 것을 볼 수 있습니다.

과거분사 : 수동적 의미 (~된, ~되어 버린)
EXAMPLE Can you see the building **painted** in blue?
파란색으로 색칠된 건물이 보이세요?

LET'S PRACTICE

앞에서 배운 문법을 활용하여 영어로 문장을 만들어 봅시다.

■ 우등비교와 열등비교

1. 그녀는 그 누구보다도 예민합니다.

2. 그는 그의 아버지보다는 덜 보수적입니다.

3. Tom의 고향은 그의 아내의 고향보다 더 붐빕니다.

■ 계속적 용법의 관계부사

1. 작년에 나는 유럽을 여행했는데, 그곳에서 좋은 독일인 친구를 사귀었습니다.

2. 그는 작년에 새로운 사업을 시작했는데, 그 당시 그는 모든 것에 의욕에 넘쳐 있었습니다.

3. 그녀는 시카고로 이사를 갔고, 그곳에서 더 행복한 삶을 살고 있습니다.

■ 명사를 꾸며주는 현재분사

1. 나는 계단에서 나를 쳐다보고 있는 남자가 누군지 알아보지 못했습니다.

2. 저 의자 위에 앉아 있는 고양이를 봐!

3   그건 매우 놀라운 생각이네요.

_____

ANSWER 우등비교와 열등비교

1. She is more sensitive than anyone else.
2. He is less conservative than his father.
3. Tom's hometown is more crowded than his wife's hometown.

계속적 용법의 관계부사

1. Last year I travelled Europe, where I made a good German friend.
2. He started a new business last year, when he was ambitious about everything.
3. She moved to Chicago, where she's having a happier life.

명사를 꾸며주는 현재분사

1. I didn't recognize the guy looking at me from the stairs.
2. Look at the cat sitting on the chair!
3. That's a very surprising idea.

3 Power Practice

1 Model Answer를 참고하여 아래의 빈칸을 알맞은 말로 채워 보세요.

> **living in the countryside / where people live with too much stress / fresher and cleaner / less crowded and less polluted**

The Korean countryside is quite different from the cities _____. First, the scenery is very beautiful with so many fields and farmland. Usually those towns in the countryside are _____, and the air is _____. That's why the people _____ are very healthy.

ANSWER

The Korean countryside is quite different from the cities where people live with too much stress. First, the scenery is very beautiful with so many fields and farmland. Usually those towns in the countryside are less crowded and less polluted, and the air is fresher and cleaner. That's why the people living in the countryside are very healthy.

2 빈칸에 주어진 우리말에 해당하는 알맞은 영어 표현을 넣어 보세요.

The Korean countryside is peaceful and quiet. The towns in the countryside are ___①~보다 덜 오염되다___ big cities, and the air is ___② 훨씬 더 깨끗하고 상쾌하다___ and you will be astonished by ___③ 많은 반짝이는 별들___ in the clear sky at night. There are mountainous landscapes and farmland, ___④ 그리고 그 곳에서 당신은 다양한 농작물을 볼 수 있습니다___.
Most people ___⑤ 시골에서 살고 있는___ are very nice.

ANSWER

① less polluted than
② much cleaner and fresher
③ many glittering stars
④ where you can see various crops
⑤ living in the countryside

MY OPIc ANSWER

앞에서 만들어 보았던 나만의 Idea Map과 오늘의 OPIc 모범 답변을 참고하여 한국의 시골에 대해 설명하는 나만의 OPIc 답변을 만들어 봅시다.

시골 건물

The countryside in Korea is quite different from the cities in many ways. First of all, there are no high-rise buildings and it is not crowded at all.

한국의 시골은 도시들과는 여러 가지 면에서 꽤 다릅니다. 우선 고층 건물들이 없고 전혀 붐비지 않아요.

My Answer

자연

Since the towns are less polluted than cities, the air is much cleaner and fresher and you can see so many glittering stars in the crystal clear sky at night.

시골 마을들은 도시보다 덜 오염되었기 때문에 공기가 훨씬 더 깨끗하고 상쾌합니다. 그리고 밤에는 수정처럼 맑은 하늘에서 반짝이는 별들을 아주 많이 볼 수 있어요.

My Answer

경치

It's made up of mountainous landscapes and farmland, where you can see various crops or cattle.

시골은 산악 지형과 다양한 농작물이나 가축들을 볼 수 있는 농경지로 구성되어 있죠.

My Answer

시골 사람

Most people living in the countryside are friendly and warm-hearted. And they are different from those living in the urban area in that they look much more relaxed and happier.

시골에 살고 있는 대부분의 사람들은 친절하고 마음이 따뜻해요. 그리고 그들은 훨씬 더 여유롭고 행복해 보인다는 점에서 도시 지역에 사는 사람들과는 다릅니다.

My Answer

OPIc 대비 멀티캠퍼스 Best 온라인 과정

OPIc 전략과정
한국인의 말하기 취약점 분석 기반의 OPIc 전략과정

한국인의 말하기 특징 분석 IL공략	한국인의 말하기 특징 분석 IM공략	한국인의 말하기 특징 분석 IH공략	한국인의 말하기 특징 분석 AL공략

OPIc 등급공략과정
OPIc 주관사 멀티캠퍼스에서 제시하는 레벨별 맞춤 공략 과정

New OPIc 첫걸음	New OPIc SOS Start	New OPIc SOS IM공략	New OPIc의 정석! IH공략

OPIc 실전과정
OPIc 최고 강사진이 전하는 최신 경향의 실전 대비 과정

OPIc IL Master	OPIc IM Master	OPIc IH Master

OPIc 특화과정
니즈에 따라 선택 가능한 맞춤 특화 과정

막판뒤집기 2주 완성 학생편/직장인편	OPIc 모의테스트	Talklish OPIc IL/IM/IH

멀티캠퍼스 최강스펙 완성 프로젝트!

新BCT 대비 멀티캠퍼스 Best 온라인 과정

과정 특징
- BCT 평가 주관사 멀티캠퍼스에서 제시하는 고득점 전략
- 새롭게 바뀐 BCT(Business Chinese Test) 문제 유형 완벽 분석
- 엄선된 빈출 문제 풀이를 통한 실전 감각 UP
- 비즈니스 핵심 어휘 및 표현 학습을 통한 비즈니스 중국어 회화 능력 향상

초단기 新BCT Speaking 공략   초단기 新BCT Speaking 실전테스트   新BCT 첫걸음 A형 공략   新BCT 첫걸음 B형 공략

OPIc 중국어 대비 멀티캠퍼스 Best 온라인 과정

과정 특징
- OPIc 평가 주관사 멀티캠퍼스에서 개발한 국내 유일무이한 OPIc 중국어 대비 과정
- 최신 경향을 반영한 빈출 문제 및 OPIc 중국어 전문가가 제시하는 고득점 전략
- 시험장에서 바로 활용할 수 있는 핵심 패턴 및 어휘 제공
- OPIc 레벨 달성과 중국어 회화 실력 향상을 동시에 만족시켜 주는 과정

New OPIc 중국어 첫걸음   OPIc 중국어의 정석! IM공략   OPIc 중국어의 정석! IH공략

  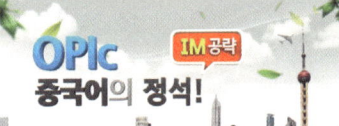 

TSC 대비 멀티캠퍼스 Best 온라인 과정

과정 특징
- 최신 시험 경향을 반영한 국내 최고의 TSC 대비 과정
- 단기간에 레벨 UP! 하기 위한 핵심 전략과 유형별 공략법 제시
- 실제 시험과 유사한 실전테스트 제공
- 다양한 표현과 문장 확장 연습을 통한 중국어 회화 실력 향상

한달에 끝내는 TSC 첫걸음 3급공략   한달에 끝내는 TSC 실전테스트   초단기 TSC 4급공략   초단기 TSC 4급공략 실전테스트

온라인 교육과정 문의 TEL 1544-9001 | Website www.opic.co.kr